LA SEIGNEURIE

ET LES

SEIGNEURS D'AGRAIN

EN VELAY

(1096-1790)

PAR L'Abbé L. JARROT

Curé de Remilly-sur-Tille (Côte-d'Or)

ET

L'Abbé R. PONTVIANNE

Professeur à La Chartreuse

Secrétaire-Adjoint de la Société d'Agriculture, Sciences, Arts et Commerce du Puy

TIRAGE A CENT EXEMPLAIRES

LE PUY

IMPRIMERIE CATHOLIQUE A. PRADES-FREYDIER

PLACE DU BREUIL

1901

LA SEIGNEURIE

ET LES

SEIGNEURS D'AGRAIN

EN VELAY

(1096-1790)

PAR L'ABBÉ L. JARROT

Curé de Remilly-sur-Tille (Côte-d'Or)

ET

L'ABBÉ R. PONTVIANNE

Professeur à La Chartreuse

Secrétaire-Adjoint de la Société d'Agriculture, Sciences, Arts et Commerce du Puy

TIRAGE A CENT EXEMPLAIRES

LE PUY

IMPRIMERIE CATHOLIQUE A. PRADES FREYDIER

PLACE DU BREUIL.

1901

LA SEIGNEURIE ET LES SEIGNEURS D'AGRAIN EN VELAY

(1090-1790)

PAR

L'abbé L. JARROT, *Curé de Remilly-sur-Tille (Côte-d'Or).*

ET

l'abbé R. PONTVIANNE, *Professeur à la Chartreuse, secrétaire-adjoint
de la Société d'Agriculture, Sciences, Arts et Commerce du Puy.*

INTRODUCTION

Ce travail est le produit d'une double collaboration ; les élé-
ments nous en ont été fournis à la fois et par les archives
particulières du château de Bressey-sur-Tille (Côte-d'Or), et par
les archives départementales de la Haute-Loire.

Nous n'avons aucune pièce originale concernant les origines
et les premiers siècles de la seigneurie d'Agrain. La plus grande
partie des actes qui figurent dans ce travail jusqu'en 1643, date
à laquelle la seigneurie passa des mains de Claude de la Guiolle
à celles de Hugues Pradier, nous a été fournie par trois inventaires et par les terriers d'Agrain et de son mandement.

Le premier de ces inventaires a été fait en 1544 par les soins
d'Antoine Orvy, possesseur alors depuis onze ans de la seigneurie ; la rédaction en a été confiée à Me Martin, notaire royal
d'Alleyras qui, à ce moment, était aussi occupé à la confection
du terrier d'Agrain.

Folioté de 1 à 70, il s'ouvre par une liste de notaires « qui ont reçu les contrats concernant la baronnie d'Agrain ». Remarque curieuse ; à la fin de l'analyse de chaque acte, le nom du notaire qui l'a reçu, au lieu d'y être indiqué, se trouve remplacé par un mot du *Pater Noster* ou de l'*Ave Maria*. Les notaires sont alors nombreux dans cette partie du Velay ; un certain nombre sont clercs et tous paraissent être des scribes de condition bien modeste. Voici leurs noms, peut-être méritent-ils d'être connus de ceux qui s'intéressent aux tabellions du Moyen-Age et à leurs protocoles : Pierre de la Faye, Raymond Paulhan, Bernard Pellissier, Guillaume de Elesmone, Dalmas Aussire, Jehan Ternatrois, Pierre Boudon, Pierre Bonhomme, d'Alleyras ; Jehan Brunet, Raymond Bertrand, Nicolas Casedieu, bailhe *de Valibus* ; Barthélemy Veiviassi, substitut de maître Veiviassi ; Vidal de Villaret, Jacques Bougerne, Martin Richard, Mathieu Pradier, du Puy ; Antoine Engles, Jacques de Soubeyran, Pierre Bouche, ces trois derniers également du Puy ; Pierre Robin, Benoît Robert, Jean Fulvi, Etienne Boisserie, Mathieu Cogulonie, Barthélemy Margherit, Raymond Mosnier, Pierre Chaumeyrac, Jean Poulhe, d'Ouïdes ; Claude Raymond et Raymond Margerin.

Au folio 2 de cet inventaire se trouve l'indication des villages et lieux dits indiqués dans ces divers actes ou étant l'objet de transactions ; ce sont, en leur conservant la graphie de l'inventaire : Oyde, Maisonseule, Rochefort, Séjalières, Montlong, le mas de Samuzat de Cayres, Aurines, Anglars, Agrain, Montgros, la Remigeyre, Agrenet, Lazaguat, Freycenet de Saint-Christophle, Sereyzet, Fraisse, Gratuze, Merqueare, le pré de l'Ormanhes, le champ d'Annonas, Montfarnier, Lazas ou le Molar, Alleyras, Goutamouche d'Aleyras, la Faye, Vabrètes, Sanssac, Mazamblard, Rossignolz, La Sanhe del bos et bois de Beraudes, le Villar, Ribens, le Bouschet et las devezes de las roches neyres.

Les actes qui figurent dans cet inventaire ne se suivent pas par ordre chronologique ou alphabétique ; ils sont au nombre

de 124 ; le plus ancien, qui est de 1201, est l'hommage de
Vabrètes rendu à Godefroy de Cayres, seigneur d'Agrain, par
Rodolphe de Mirmande ; le plus récent est de 1535 ; c'est la concession « de l'eau de Ribains » faite pour son pré à un habitant
de Jagonzac, paroisse de Saint-Haon, par le seigneur d'Agrain,
moyennant une redevance annuelle.

Un autre inventaire, dont il est bien inutile de fixer la date
précise, mais qui est du XVI⁰ siècle, comme le précédent, nous
a fourni également un grand nombre d'indications. Folioté de
1 à 38, il contient l'analyse moins détaillée que dans l'inventaire
de 1544, d'environ 290 actes avec les noms des notaires qui les
ont reçus.

Ces deux inventaires se complètent et se contrôlent l'un par
l'autre ; un certain nombre d'actes contenus dans le premier se
trouvent reproduits dans le second, tantôt avec plus, tantôt avec
moins de détails.

A ces deux inventaires il faut en ajouter un troisième plus
important que les deux précédents : c'est un registre de 334
pages qui a pour titre « Livre des contrats perpétuels passés
par noble Hugues d'Orvy, baron d'Agrain, et par d'autres à son
occasion » ; il contient dans leur texte intégral, soit latin, soit
français, 61 actes, particulièrement des hommages rendus au
seigneur de Montlaur par le baron d'Agrain ou reçus par ce
dernier de ses différents vassaux : l'acte le plus ancien est de
1247, c'est l'achat de la Remigère par Godefroy de Cayres ; le
plus récent, qui est de 1599, est une investiture donnée par
Hugues Orvy à Louis des Goys, seigneur du Prunet et conseigneur de Séjallières.

La période de l'histoire d'Agrain qui commence en 1643,
avec Hugues Pradier, nous a été plus facile à reconstituer. Aux
nombreux documents conservés par ses descendants, dont le
principal est le Livre de raison de la marquise d'Agrain, née
Thérèse Rigoley, se sont ajoutés beaucoup d'actes recueillis aux
archives départementales de la Haute-Loire. Toutefois cette
partie du travail ne doit pas empêcher de consulter l'*Esquisse*

historique sur Saint-Georges-l'Agricol (1) ; dans cette paroisse se trouvait le château de Mons qui fut jusqu'à la Révolution une des résidences des membres de la famille d'Agrain.

Nous avons également puisé pour ce travail dans les histoires générales ou particulières de la province. Les *Tablettes historiques du Velay*, les *Annales de la Société académique du Puy*, etc., nous ont été d'un grand secours, ainsi qu'on le verra dans les pages suivantes.

Nous ne nous dissimulons pas les imperfections nombreuses qu'on pourra trouver dans ce travail ; le moindre reproche qu'on peut nous faire, c'est d'être d'une sécheresse désolante jusqu'au commencement du XVIe siècle. La faute ne nous est pas complètement imputable ; une grande partie des papiers de la seigneurie qui, avant la Révolution, étaient au château de Mons, furent transportés à Lyon en 1791 et brûlés au moment du siège de la ville. Malgré son insuffisance, nous offrons avec confiance ce travail aux érudits du Velay, sûrs qu'il leur fera aimer la petite patrie ; sa gloire est un des rayons de l'auréole qui illumine le front de la France.

Octobre 1899.

L. J. et R. P.

(1) Publiée par l'abbé Pontvianne. — Le Puy, Freydier, 1883.

CHAPITRE PREMIER

Eustache d'Agrain. — Agrain aux xiie, xiiie et xive siècles (1144-1401) sous les Godefroy de Cayres. — Bertrand, Antoine et Thomas de Cayres.

Il n'est pas possible de retracer les vicissitudes de la seigneurie d'Agrain et des familles qui l'ont possédée sans parler d'Eustache d'Agrain. Son nom mérite d'être écrit en lettres d'or à la première page de ce travail.

Parti du Languedoc à la suite de Raymond de Toulouse, il s'illustre parmi les barons de la première croisade et se fixe en Orient après les conquêtes chrétiennes. Les historiens des Croisades nous racontent ses exploits ; Albert ou Albéric d'Aix l'appelle *Granarius* ; les Lignages d'outre-mer, *Garnier* ; Guillaume de Tyr, *Grener* et *Grenier* ; Foucher ou Foulques de Chartres le nomme simplement *Eustache*.

En résumé, il accompagne à la première croisade, en 1096, Raymond, comte de Toulouse ; en 1102, Baudoin Ier, second roi de Jérusalem, frère et successeur de Godefroy de Bouillon, lui accorde la seigneurie de Césarée dont les croisés viennent de s'emparer. Eustache figure avec éclat parmi les guerriers qui prennent part au siège de Tyr en 1111. Sous Baudoin II, troisième roi de Jérusalem, il est connétable du royaume. Lorsque ce prince est fait prisonnier et tombe aux mains des Mahométans (1123), Arnoul patriarche de Jérusalem, et les barons chrétiens donnent à Eustache le titre de régent du royaume. Eustache meurt le 15 juin 1123 : il avait épousé une nièce d'Arnoul, patriarche de Jérusalem, dont nous venons de parler. Sa postérité se perpétua dans les seigneuries de Césarée et de Chypre ; un de ses descendants, nommé Julien, qui épousa la fille d'un roi d'Arménie, vendit Sidon aux Templiers en 1260. Ces divers faits appartiennent à l'histoire. Quant au nom d'Agrain qui s'est ajouté à Eustache, il n'est justifié par aucun document ancien.

C'est Soulavie qui, en 1810, dans un article du *Dictionnaire historique* de Prudhomme rattache sans raison la famille d'Agrain des Hubas à Eustache ; il met ainsi en circulation une erreur historique qui, scrupuleusement adoptée depuis cette époque, a reçu sa consécration officielle lors de son inscription à la salle des Croisades du musée de Versailles. Le nom d'Eustache d'Agrain s'y présente accompagné des armoiries de la famille des Hubas : *d'azur au chef d'or*. Les titres de cette maison, qui ont été vendus sous la Restauration après la mort de la dernière comtesse d'Agrain des Hubas, sont maintenant en partie entre les mains de M. Mazon et de M. le marquis d'Agrain, en partie aux Archives nationales (nouvel. acq. lat. 2166), et aux archives départementales de la Haute-Loire. M. Mazon, qui a spécialement étudié ceux qu'il possède, déclare que les d'Agrain des Hubas ne remontent pas au delà du xive siècle, et que dès lors ils ne semblent avoir aucun droit à réclamer Eustache comme ancêtre. De plus, ajoute-t-il, « il résulte de la correspondance manuscrite de Charles d'Agrain mort sous-préfet de Belfort en 1823, qu'on ne soupçonnait pas dans sa famille, avant 1808, l'existence d'Eustache (1) ».

Les d'Agrain du Velay ont-ils ce droit refusé aux d'Agrain des Hubas ? Peut-être ; mais en tout cas aucun

(1) Voir l'*Echo du Velay*, n° du 30 décembre 1892.

acte, aucun texte positif ne permettent de l'établir d'une manière certaine. Cependant le dernier seigneur d'Agrain au XVIIIe siècle et ses descendants actuels, ainsi qu'on le verra dans ce travail, se rattachent directement d'une manière ininterrompue, soit par achat, soit par parenté, aux seigneurs d'Agrain du XIIe siècle.

Quoiqu'il en soit, on doit se tenir sur une grande réserve pour déterminer l'origine d'Eustache d'Agrain. Si on désire le rattacher à quelqu'un des seigneurs du XIIe siècle, ce qui est fort légitime, on peut l'apparenter premièrement aux seigneurs de Cayres ; mais alors comment expliquer qu'il ne nous apparaisse pas avec son nom patronymique de Cayres ? Cayres semble avoir été plus important sous la féodalité que le modeste fief d'Agrain. Toutefois cette hypothèse, quoique vraisemblable, est d'une valeur critique nulle, puisqu'elle ne s'appuie sur aucun texte. Deuxièmement, on peut rattacher Eustache à un de ces seigneurs d'Agrain qui nous apparaîtront dans ce travail comme vassaux de la famille de Cayres, se divisant entre eux la seigneurie d'Agrain avec le mandement de ce nom, et fixés particulièrement à Ouïdes. Supposition qui n'a pas plus de valeur critique que la précédente, mais qui n'est pas plus invraisemblable ; en tout cas, elle explique mieux le nom d'Agrain se soudant au prénom d'Eustache, si on n'admet pas que cette adjonction, ainsi que le prétend M. Mazon, date du commencement de ce siècle.

« On a dit qu'Eustache était sorti d'Alleyras, écrit-il, mais si on peut alléguer quelque tradition vague à l'appui de cette assertion, on ne peut citer aucun témoignage authentique. » Il eût été plus exact de dire « de la paroisse d'Alleyras », car Agrain dépendait de cette paroisse ; Alleyras était d'ailleurs au Moyen-Age une seigneurie ecclésiastique.

En somme, il s'agit là d'une question insoluble ; Eusta-che illumine d'un reflet de gloire Agrain et son rocher féodal ; mais c'est un personnage isolé, autochtone, moitié historique, moitié légendaire et qui se suffit à lui-même.

Le nom d'Agrain nous apparait au Moyen-Age sous une forme latine constante : *Agrenium, castellum de Agrenio*, quelquefois *Agren*, qui semble une transcription incomplète. A partir du xviᵉ siècle, dans le titre en langue vulgaire, nous avons toujours rencontré Agrain (1).

Nous trouvons pour la première fois le nom d'Agrain au milieu du xnⁱᵉ siècle. Au mois de février 1142, Guillaume d'Agrain, chanoine de Notre-Dame du Puy, figure dans l'acte de donation de l'église Saint-Martin-de-Polignac par Humbert (d'Albon), évêque du Puy, à Jausserand, abbé de Pébrac.

Deux ans après, en 1144, l'hôpital Notre-Dame du Puy acquiert de la famille d'Agrain les bois de Ramou-rouscle, paroisse de Bains. (2).

(1) Sur Eustache et son époque, on peut consulter les historiens des Croisades, Albéric d'Aix : *Chronicon hierosolymi-tanum ;* — Guillaume de Tyr : *Belli sacri historia libris XVIII comprehensa ;* — Foucher de Chartres : *Histoire de Jérusalem.* Voir également Michaud, *Histoire des Croisades ;* — Dom Vaissette, *Histoire du Languedoc ;* — *Revue historique de la Noblesse,* II, p. 306; *Généalogie de la Maison de Chanaleilles;* — De la Roque, *Armorial de la noblesse du Languedoc,* tome I: — *Grande Encyclopédie,* tome XII, au mot Eustache d'Agrain; — l'*Echo du Velay,* Souvenirs historiques, numéro du 30 décembre 1892.

(2) *Chroniques de Médicis,* bourgeois du Puy, II, p. 145.

En 1154, Guillaume, comte d'Auvergne, intervient entre Pierre évêque du Puy, et Pons, vicomte de Polignac, qui sont en lutte perpétuelle.

Dans l'acte de composition ou d'accord, nous voyons figurer Guillaume d'Agrain, probablement le chanoine dont nous venons de parler et Bertrand d'Agrain (1).

A cette époque, Agrain est un village avec une église sous le vocable de Saint-Martin, *Sancti Martini d'Agrens*; cette église figure dans une bulle de 1164 par laquelle le pape Alexandre III accorde certains privilèges à l'église du Puy (2).

Le XIII⁰ siècle nous fournit des renseignements plus précis et plus nombreux sur Agrain. En 1201, Godefroy de Cayres en est seigneur; il reçoit au mois de juillet l'hommage de Rodolphe de Mirmande, écuyer, seigneur en partie de Mirmande (3), pour un mas vulgairement appelé *las Vabretas, las Jounetas*, « et toutes ses appartenances, droits, dépendances, entrées et sorties, et toutes ses maisons, terres cultes et incultes, prés, pâturages, bois, cens, quart et quint, droits et juridiction, moulins, conduites d'eau », etc.

Rodolphe doit au seigneur d'Agrain pour ce mas le cens d'une hémine d'avoine payable à Noël. L'acte d'hommage est passé au château d'Agrain; parmi les

---

(1) *Archives de Bressey-sur-Tille*. — Extrait d'un livre de compositions qui était aux archives de l'évêché du Puy, avant la Révolution.

(2) *Chroniques de Médicis*, I, p. 80.

(3) Commune de Saint-Jean-Lachalm, canton de Cayres. Le château de Mirmande a été détruit au XV⁰ siècle; il n'en reste plus qu'un pan de muraille.

témoins de cet acte figure Falcon d'Agrain, damoiseau (1).

Falcon d'Agrain meurt avant l'an 1205, laissant en héritage à Guillaume Mipot (?) et à son fils la part de seigneurie dont il jouit au mandement d'Agrain, au lieu d'Anglard, avec toutes les terres et bois qu'il possède en ces deux endroits.

Le samedi « avant carême prenant » de l'année 1205, ces derniers vendent les biens qui leur ont été légués, excepté leurs droits sur le mas de Gratuze, près Ouïdes, à Godefroy de Cayres pour le prix de vingt livres (2).

Quelques années plus tard, au mois de novembre 1209, par acte passé au chapitre de l'église du Puy. Bertrand de Cayres, qu'il faut certainement rattacher à la parenté de Godefroy, le seigneur d'Agrain, vend à l'hôpital Notre-Dame du Puy trois cartons de blé, mesure du Puy, un pain et *unam espallam porci et II solidos pro uno agno*, qu'il prenait chaque année sur le mas de Vialettes au prix de vingt livres du Puy (3).

Dans un acte d'accord passé en 1213 entre Etienne Bertrand (de Chalencon), évêque du Puy, et Héracle de Montlaur. ce dernier donne à l'évêque tous les droits qu'il a au château de Cayres et en tout le mandement de Cayres (4).

(1) Acte reçu Jehan Fabre, notaire.
(2) Acte reçu Bernard Pellissier.
(3). A. Jacotin, *Preuves de la maison de Polignac*, I, p. 142 (Tiré des archives de l'hôtel-Dieu du Puy, B., 300).
(4) *Livre des compositions de l'Evêché du Puy* (Archives de Bressey).

Au mois de novembre 1219 et par un acte daté de Paris, Pons de Montlaur fait hommage à Philippe-Auguste de ses fiefs d'Agrain (1).

Trois ans après, en 1222, une sentence de Hugues, comte du Forez, déclare le château d'Agrain dépendant des seigneurs de Montlaur (2). C'est en effet sous la puissante suzeraineté de la maison de Montlaur que nous voyons les seigneurs d'Agrain vivre depuis les temps les plus reculés.

Le 14 juillet 1241, Godefroy de Cayres, reçoit l'hommage de Pierre de Gigouzac pour la terre de Ribains (3). Celui-ci reconnaît qu'il tient en fief de Godefroy « les biens, choses, propriétés, rentes, maisons, terres cultes et incultes, prés, pasques, bois, cens, droits et juridictions... qu'il a au mas appelé vulgairement de Ribens, et il lui en fait hommage « à jointes mains (4). »

Le même jour, le seigneur d'Agrain reçoit également l'hommage de Pierre d'Agrain, d'Ouïdes, damoiseau, qui reconnaît tenir de lui en fief « tous droits, maisons, terres cultes et incultes, prés, pasques, bois, cens, droits, juridiction, manœuvres moulins, inondation d'eau... qu'il possède au château d'Agrain dedans et dehors (5). »

Il lui fait également hommage pour le mas appelé

---

(1) *Tablettes historiques du Velay*, V, p. 506. *Layettes du trésor des chartes par Teulet*, I, p. 401.

(2) *Tablettes historiques du Velay*, VIII, p. 283.

(3) Commune de Landos, canton de Pradelles.

(4) Acte reçu Jean Fabre.

(5) Acte reçu Jean Fabre. — Ouïdes est aujourd'hui chef-lieu de commune et de paroisse.

de *Lazas* qu'il tient de lui en emphitéôse censuelle et annuelle et pour lequel il se reconnaît redevable chaque année, à la fête de Saint-Michel, d'une cartonnère de seigle et d'une cartonnère d'avoine (1).

Au mois de février 1247, Godefroy de Cayres achète pour le prix de quarante livres, monnaie du Puy, d'Allemand (*Alamandus*) fils de Gérard Allemand, décédé, la terre de la Remigeyre (2). L'acte d'achat est passé au Prunet dans la demeure de Guillaume Allemand ; parmi les témoins figure Bertrand d'Agrain, chevalier (3).

Le 9 septembre 1252, il reçoit l'hommage de Raymond de Rostarque, habitant de Saint-Paul de Tartas, canton de Pradelles, qui, au nom de sa femme Beraude, reconnaît tenir de lui en fief franc le mas de *Gantanocha*, situé sur la paroisse d'Alleyras et au ténement d'Ouïdes « avec ses pertenances, droits, entrées, sorties, terres cultes et incultes, maison, etc. (4). »

En 1256, au mois de février, Godefroy achète de noble Armand Falcon et de Beraude sa femme, les trois mas de Fraysse, paroisse de Cayres, de Freycenet et de Screyzet (5) « avec les villes qui sont auxdits mas et pertenances d'iceux ». Le prix d'achat est de dix mille sols, monnaie du Puy. L'acte de vente comprend aussi « tous hommes et femmes qui de présent sont et qui seront pour le temps à venir en iceux avec toutes les

(1) Acte reçu Jean Fabre.

(2) Commune d'Ouïdes.

(3) *Livres des contrats de Hugues Orvy*, verso 204 (Archives de Bressey).

(4) Acte reçu Jean Fabre.

(5) Commune de Saint-Christophe-sur-Dolaison.

terres cultes ou incultes et avec tous bois. pierres, pasquiers, prés, jardins. verdures, maisons, curtilages, chemins, issues et sorties (1). »

La même année. nous voyons Godefroy faire une donation de tous les droits qu'il peut avoir au terroir de la Remigère, de Montfarnier et de la grange de Trespeux (2).

Le mercredi avant la fête de sainte Lucie, 1259, Pierre de Rochefort achète de Godefroy de Cayres une rente de seize ras d'avoine. à prendre sur les villages de Gratuze et d'Anglard pour le prix de quinze livres.

Au mois d'août 1261, le samedi après la fête de saint Laurent. Godefroy achète pour la somme de soixantedeux livres quelques terres situées sur le territoire de Montlong. la moitié indivise d'un mas appelé vulgairement *Formanié* joignant d'un côté un lieu dit *Chafota*, et de l'autre la grange de Trespeux ; en outre un terrain appelé *Aurinas* touchant au territoire du Prunet et au château d'Agrain. Les vendeurs sont Pierre de Villaret. sa femme Dalmaze, Brunissens, sœur de cette dernière, toutes deux filles de Guillaume Allemand, de Solignac, décédé.

Pierre de Villaret jure sur les saints Evangiles. que tient dans ses mains Godefroy de Cayres, d'accomplir fidèlement ce qui est stipulé dans l'acte de vente.

Il eut lieu en la forme solennelle, au village du *Prunet*. dans la grange de Pierre Jacob, le samedi

(1) Acte reçu Raymond Bertrand.
(2) Terrier d'Agrain de 1404, folio 44. — Archives de l'Hôtel-Dieu, du Puy, Arm. 2, titr. 10, N° 115. — Trespeux, village de la commune de Saint-Jean-Lachalm.

proche la fête de saint Laurent. Parmi les témoins de cet acte nous trouvons Amalvinus et Bertrand d'Agrain, chevalier.

Dans l'acte nous relevons le nom de Pons d'Agrain, également chevalier. Les serments qui accompagnent la vente et la ratifient ont lieu au village d'Ouïdes, *in villa de Oyde* le jeudi suivant du même mois, dans la grange de Bertrand d'Agrain, en présence de ce Bertrand d'Agrain de Paulhian d'Agrain, chevalier, et de Philippe d'Agrain, fils de Bertrand (1).

En 1263, le lundi après la fête de saint Philippe et saint Jacques, Godefroy de Cayres achète pour le prix de vingt-cinq livres dix sols, monnaie du Puy, à Paulhien, chevalier et à Beraud Paulhien, son fils, damoiseau, six ras d'avoine, une géline et huit deniers monnaie du Puy ; en outre deux ras avoine et une géline sur Agrenet ; de plus un pré appelé de *Lazagat* et six ras d'avoine, deux sols du Puy. Ces diverses rentes sont prises sur des terres situées au mandement d'Agrain.

La même année, le mercredi après la Pentecôte, Amphélize, épouse de Mathieu de Cayres, décédé, comme mère et tutrice d'Étienne de Cayres, et pour liquider les dettes qu'il a laissées, vend à noble Bertrand d'Agrain pour le prix de quatorze livres une portion du champ de Gremonet situé sur Ouides. Avant sa mort, Mathieu de Cayres le donnait à Bertrand d'Agrain au cens annuel de huit deniers.

L'année suivante, Godefroy de Cayres donne au prieur du Bouchet-Saint-Nicolas, dépendant de la

---

(1) Acte reçu Pierre de Villaret. — Le Prunet, village de la commune d'Ouïdes.

Chaise-Dieu, tout ce qu'il possède au territoire appelé *dous Arsis*, excepté ce qu'il y détient à titre de fief. Jean, abbé de la Chaise-Dieu, avec le consentement des religieux et du prieur du Bouchet, lui accorde comme remerciement à perpétuité pour lui et ses descendants quatre setiers de blé, mesure du Puy, trois de seigle, un d'avoine et quarante sols d'argent, monnaie du Puy ; il les recevra chaque année sur les revenus de la Chaise-Dieu ou du prieuré, dans l'octave de la Toussaint. L'acte en est passé au Bouchet au mois de juillet 1264 en présence de Bertrand d'Agrain chevalier, de Pierre d'Agrain, son fils, du trésorier de Bertrand, de Guillaume, prieur du Bouchet-Saint-Nicolas, et d'autres témoins (1).

Le 10 décembre 1265, Godefroy reçoit l'hommage de noble Amalasud, chevalier, et de Beraud et Léon Paulhien, frères, pour Ouïdes et lieux voisins ; ils reconnaissent tenir de lui en fief franc tout ce qu'ils ont dans ce village, et ce qu'ils ont acquis au lieu dit *des Arsis* jusqu'à l'église d'Alleyras et jusqu'au château de Rochefort (2).

Le mardi après l'Epiphanie, en 1269, Godefroy achète de Raymond de Bize, clerc du Puy, pour le prix de dix livres viennoises tout ce qu'il a au village et mandement d'Agrain, à la Remigère, et à Alleyras ; l'acte a lieu au Puy en la maison de la chevalerie du Temple ; parmi les témoins figurent Héracle et Pons de Montlaur, père et fils (3).

Au mois de septembre 1271, nous voyons deux

(1) *Livre des contrats de Hugues Orcy*, verso 168, folio 169, etc
(2) *Ibidem*, fol. 93 et suivants.
(3) Acte reçu Benoît Robert.

frères Pierre et Philippe d'Agrain reconnaître à la réquisition de Godefroy qu'ils tiennent de lui en fief franc « tout ce qui habite au château d'Agrain et ce qu'ils y tiennent et autres pour eux au château ou bourg d'Agrain, d'Ouïdes, de Chadaleyza, de Coste Blanche, del Molard et de Montlong ». Ils en font hommage à Godefroy et lui prêtent serment de fidélité (1).

Au mois de novembre de l'année suivante, Laurent Guy de Cayres et son épouse Guigone Alamande vendent pour le prix de quarante-sept livres à Godefroy un terrain appelé *champ annônes* le pré, de *Formanyas* le terroir de la Remigère avec tous les droits qu'ils ont en ce dernier lieu et la Chalm de Montfarnier, en la paroisse de Saint-Jean-Lachamp. Raymond et Guillaume de Cayres au nom des vendeurs ratifient et homologuent cette vente (2).

Le mercredi avant la fête de saint Jean-Baptiste de l'année 1276, Godefroy donne à nouvelle assence et emphitéôse perpétuelle à Guillaume Bonhomme, d'Alleyras, trois mas et leurs dépendances situés aux environs d'Alleyras, au cens de onze cartons de blé, un de seigle et seize d'avoine, mesure du Puy, et deux sols, monnaie du Puy. L'un de ces mas s'appelle mas de Cayres et les deux autres mas de Vernoux (3).

En 1277, nous voyons un Bertrand d'Agrain, probablement celui que nous avons nommé plus haut, baile du château d'Agrain (4).

<hr>

(1) Acte reçu Pierre Boudier, notaire.

(2) Acte reçu Pierre de la Fava le 6 des ides de novembre 1272.

(3) Acte reçu le 11 des calendes de juin 1276.

(4) *Tablettes historiques du Velay*, VI, p. 72.

Au mois de juillet de l'année 1278, Godefroy achète à Pons de Montlaur fils de Héracle de Montlaur décédé faisant cette vente pour payer ses dettes et celles de feu Didon de Montlaur de la ville appelée de Ribains située en la paroisse de Landos avec les droits et actions qu'il a en la ville de *Lesperon* (Ardèche) et terroir de la Genestoza près Lespéron au prix de quatorze mille sols (1).

Un acte de la même année nous apprend que Héracle de Montlaur avait en mourant nommé exécuteur testamentaire frère Privat, gardien des frères mineurs d'Aubenas (2).

En 1820, le mercredi après la fête de l'Exaltation de la sainte Croix, la veuve de Pierre Maire, Beaudynie et son fils Bertrand reconnaissent tenir de Godefroy en fief franc « tout ce qu'ils possèdent en la ville de Freycenet » ils lui en font hommage et lui prêtent serment de fidélité.

La même année Godefroy achète de Aymar et de Guillaume de Seneujols, frères, quelques cens de blé et d'avoine, ainsi que neuf sols, monnaie du Puy, à prendre au lieu d'Amblard, pour le prix de soixante-cinq livres, monnaie du Puy.

Vers le même temps, il achète encore pour le prix de vingt-cinq livres à Pierre Sonnier, damoiseau, « certaine appendance laquelle il avait en la ville de Freycenet et la moitié des afférens qu'il avait au dit lieu et tout ce qu'il avait en ladite ville et pertenances d'icelle qui est en la paroisse de Saint-Cristophe ».

(1) Acte reçu Bertrand Moyne du 6 des calendes de juillet 1278.

(2) *Ibidem.*

Enfin, le dimanche de *Lœtare Jerusalem* de l'année 1289, Raoul de Mirmande pour les services nombreux et variés dont il se reconnaît redevable envers Godefroy, lui donne, par donation entre vifs, tous les droits qu'il a au bois appelé Beraude, au mas de Mallbec ou Sanhalbeza et « *impendaria del Cros* » ; tous ces biens sont situés sur la paroisse de Saint-Jean-Lachalm ; l'acte est passé au château d'Agrain : parmi les témoins figure Pierre d'Agrain [1].

En cette même année 1289, meurt Godefroy de Cayres instituant par testament comme héritier un fils nommé comme lui Godefroy et lui donnant pour tutrice sa femme Bermunde. Pons de Montlaur, son suzerain, accepte et ratifie cette élection de tutelle.

Le nouveau seigneur d'Agrain reçut, ainsi que le voulait le droit féodal, l'hommage de ses vassaux au château d'Agrain ; l'acte qui en est dressé sur le champ par Pierre de la 'Fava, notaire royal, le douze des calendes de septembre 1289, nous fait connaître les divers vassaux de Godefroy. C'est d'abord :

Pierre d'Agrain, damoiseau ; il tient en fief « sa pareire du château d'Agrain et tout ce qu'il a audit château et dans son mandement et aussi à Ouïdes, le mas de Chazalet avec leurs droits, appartenances présentes et à venir. »

Fulco de Gratuze reconnaît tenir du même seigneur en fief franc tout ce qu'il a audit château d'Agrain et dans son mandement à Séjallières, dans le mandement et château de Rochefort et de Vicènes.

Falcone, veuve de Bertrand d'Agrain, tutrice de son

(1) Acte reçu André Eschirolh. — Livre des contrats de Hugues Orvy, verso 76, folio 77.

fils Guillaume, reconnaît tenir de Godefroy tout ce qu'elle a au château d'Agrain et dans le mandement.

Dalmaze, femme de feu Pierre de Villaret, jure pleine fidélité et fait hommage-lige à Godefroy pour ce qu'elle a au château d'Agrain et dans le mandement, ainsi qu'à Montlong.

Guillaume Arnaud de Cayres, chevalier, reconnaît tenir du même seigneur d'Agrain en fief franc ce qu'il a au lieu de Sanhinac (1) paroisse de Cayres.

Enfin, Vierne d'Ouïdes tient de Godefroy en fief franc tout ce qu'elle a au même château et dans le mandement à l'exception de ce que son mari a acheté de Durand de Freycenet.

Ces différents vassaux rendent hommage à leur suzerain au château d'Agrain dans la cuisine de la demeure féodale ; parmi les témoins de l'acte figure messire Grégoire, chapelain d'Agrain.

Le lendemain de la fête de saint Nicolas, en l'année 1290, le jeune Godefroy fait à son tour hommage à Pons de Montlaur, seigneur d'Aubenas et lui jure fidélité (2). Avec le consentement de sa mère et tutrice, il reconnaît tenir : 1° en fief rendable le château d'Agrain avec son mandement ; 2° En fief franc et noble, *a)* Séjallières, *hospitium et affoire de Seghaleriis*, que possède alors sous sa suzeraineté Guillaume de Villaret, damoiseau fils d'Etienne de Villaret, décédé ; — *b)* Saussac et le Villard, avec leurs dépendances, *affoire de Saussac et affoire de Villar cum*

(1) Une note ajoutée en marche du *Livre des contrats de Hugues Orvy* porte en renvoi ces mots « *hic sereyzet* ».

(2) Livre des contrats perpétuels passés par Hugueé Orvy, folio 10.

earum pertinenciis; — *c*) Ribains avec son ténement, *cum suo tenemento*; — *d*) la ville de Lespéron, acquise par son père au diocèse de Viviers (1); — *e*) Genestouze; — *f*) tout ce qu'il a au château et dans le mandement de Montpezat (2), au diocèse de Viviers; — *g*) le mas de Lazas, appelé plus tard du Moulard, avec ses dépendances; — *h*) tout ce qu'il a et ce que Pons d'Agrain, damoiseau tenait en fief franc de son père à Anglard, Gratuze et Ouïdes; — *i*) enfin tout ce qu'il possède au Bouchet, situé dans le mandement d'Entraygues au diocèse de Viviers (3).

Cet hommage est passé au réfectoire des Frères mineurs d'Aubenas par Pierre de Foyet, notaire de la baronnie de Montlaur.

En 1292, des difficultés surgissent entre Pons de Montlaur et Godefroy; Pons prétend que le seigneur d'Agrain possède injustement les lieux de Ribains, de la Sanha del Bos, de l'Espéron, de la Génestouze, et le bois appelé de Béraude ou Béraudens; il revendique la possession de ces divers biens. Le seigneur d'Agrain et sa mère se considèrent comme légitimes propriétaires de ces biens qu'ils détiennent « depuis un long temps ». La vente semble remonter à une cinquantaine d'années; les aïeux de Pons de Montlaur les avaient vendus au père du seigneur d'Agrain nommé aussi Godefroy. Pons se plaint de ce que ce Godefroy, père

(1) Canton de Coucouron, arrondissement de Largentière (Ardèche).

(2) Chef-lieu de canton, arrondissement de Largentière (Ardèche).

(3) Probablement Antraigues, chef-lieu de canton, arrondissement de Privas (Ardèche).

du jeune seigneur d'Agrain, a perçu les fruits et revenus du château de Montlaur et de son mandement
« par treize ans », et les revenus qu'il touche à Aubenas et dans Pigeyres (1) « par un an et plus ». Il
prétend que le seigneur d'Agrain n'a rendu aucun
compte et doit être obligé à rendre raison de la percep-
tion de ces fruits. Au contraire, dame Bermunde et son
fils Godefroy prétendent que le défunt s'est conformé
au testament d'Héracle de Montlaur, père de Pons, son
héritier. Une transaction vient terminer le différend.
Pons reconnaît comme légitime propriétaire Godefroy
de Cayres et sa mère des biens qui font l'objet du litige ;
cette dernière promet de payer au seigneur de Montlaur
la somme de cent cinquante livres tournois et de lui
rendre hommage à sa réquisition pour ces biens et pour
ce que Godefroy, son mari, avait acquis en la ville de
Lespéron, de feu Dalmas du Luc, chevalier. L'acte en est
dressé au Puy, dans la demeure de Pierre du Fayet, notaire de la baronnie de Montlaur : il dresse en même
temps l'acte d'hommage des biens qui font l'objet de cette
transaction. Godefroy lui jure serment de fidélité (2).

Si le jeune Godefroy est obligé de rendre hommage
à son suzerain, lui aussi il reçoit à son tour l'hommage
de ses vassaux ; l'année précédente (1291) au mois de
juillet, Pierre de Gigouzac lui fait hommage pour ce
qu'il a à Ribains, et Pierre d'Agrain, d'Ouïdes, pour ce
qu'il possède au mandement d'Agrain et particulièrement pour le mas de Lazas (3).

(1) Lieu près de Bains, canton de Solignac (Haute-Loire).
(2) Acte reçu Pierre de Fayet, du lendemain de la fête de
saint Mathieu 1292.
(3) Acte reçu Jean Fabre.

Trois ans après (1293), « le samedi avant carême prenant » Guillaume Noir du Luc passe un achat à Godefroy « de toute la pareire » qu'il a au château d'Agrain et au village d'Anglard. pour le prix de vingt livres (1).

Le 4 juillet de la même année, Fulcon d'Agrain. damoiseau, reconnaît tenir de lui en fief franc ce qu'il possède au château d'Agrain et en « soutènement », au mas d'Anglard, « consistant en maisons. terres prés. pasquiers, bois, dimes. droits. juridiction, censives, rochers, moulins, inondations d'eau. etc.. (2).

En 1295, le mardi avant la fête de saint Jean-Baptiste, un accord est passé entre Godefroy de Cayres et Guillaume de Châteauneuf, prieur d'Alleyras, au sujet de la juridiction des mas de Cayres et de Vernoux sur Alleyras, et aussi de la prétention que formule le seigneur d'Agrain en déclarant « que les hommes de la ville d'Alleyras doivent apporter au château deux faix d'épines, chaque année. à la clôture dudit château. »

Le prieur s'oppose à cette réclamation. Des arbitres sont choisis pour régler ce différend : ce sont Pons de Godet, seigneur du château d'Aynar, un seigneur nommé Bertrand Ytier et Albéric de Jonzac. seigneur d'Antraygues, en Vivarais ; ils déclarent que dans les mas « le ban » appartient de plein droit au prieur et à ses successeurs. les « loz. vestizons. investizons et ventes » par égales parties au prieur et au seigneur d'Agrain. « La juridiction et pugnition de crimes ès dits mas commis » appartiennent à Godefroy. Au sujet de la cen-

(1) Acte reçu Jean Portallier.
(2) Acte reçu Jehan Fabre, notaire royal.

sive d'épines, ces mêmes arbitres déclarent qu'en temps
de paix cette redevance est due tous les cinq ans par
les hommes d'Alleyras : chacun d'eux est obligé d'apporter au château un faix d'épines ; en cas de guerre,
cette redevance est exigible chaque année et pour chaque
habitant également ; à la réquisition du seigneur d'A-
grain ou de son baile, le prieur d'Alleyras doit convo-
quer les habitants pour qu'ils s'acquittent de ce service
féodal. Les conventions de cet arbitrage sont acceptées
par les deux parties.

L'acte est passé dans l'église d'Alleyras ; parmi les
témoins figure Pierre d'Agrain (1).

La même année, le mardi avant la fête de Noël,
Guillaume Malarte de Bonnefont reconnait tenir en
emphitéose perpétuelle de Godefroy, le village de Se-
reyzel, paroisse de Saint-Christophe, une « appendance
au même lieu appelée *dous Malarpas* ; le cens annuel est
d'une émine de seigle et d'un cartal d'avoine, mesure
d'Agrain. En outre, pour le prix de trente et un sols,
Godefroy de Cayres achète de ce même Guillaume : 1°
Une carte de seigle censuelle et annuelle ; 2° Six deniers tournois censuels « prenables » sur un champ se
mouvant en directe de Godefroy ; 3° une carte d'avoine
" prenable » annuellement sur les biens de Godefroy ;
4° un champ au cens annuel de six deniers. « En ré-
compense », Godefroy donne à Guillaume Malarte,
« concession et tout parcours dudit lieu dous Malarpas,
et appartenances d'ycelluy qu'il pouvait demander pour

____

(1) *Livre des contrats de Hugues Orcy*, folios 283-289. — Acte
reçu Pierre de la Fava et Guillaume de Elesmona, du mardi
avant la fête de saint Jean-Baptiste 1295.

la cessation des cens et pension non payées de quatre
années dernières passées (1). »

L'année suivante (1296), Godefroy rend hommage à
l'évêque du Puy pour tout ce qu'il a à Cayres-la-Ville.
à Cayres-le-Château et leurs dépendances. Cet hommage
sera renouvelé en 1309 et 1321 (2).

Les rapports de voisinage du prieur d'Alleyras et du
seigneur d'Agrain amenaient entre eux de fréquentes
difficultés : quatre ans après le traité de 1295. nous les
voyons recourir à un nouvel arbitrage au sujet de la
justice d'Alleyras. Godefroy prétend que ses ancêtres
ont toujours exercé toute justice sur Alleyras. « soit
dans la ville, soit au dehors » ; il expose « que luy et
ses prédécesseurs par longtemps que non est mémoire
du contraire avaient juridiction droit et usaige deuz de
ouyr, recognoistre et pugnir les crimènes quelconques de
quelconque lieu que fussent et délinquassent ou exprès
foissent ès places mezes. pasquiers que sont et ont esté
en la ville d'Aleyras ou dehors icelle. en quelque lieu
que fussent dans le terroir de ladite ville ou mans.
affaires ou territoires d'icelluy et iceux pugniments
affirmoyt ledit seigneur d'Agrain et ses prédécesseurs
et à luy avoir appartenu et devoir appartenir par plain
droit sans aucune turbation dudit prieur et ses prédécesseurs. »

Guillaume de Châteauneuf affirme au contraire que
ni Godefroy, ni ses ancêtres, n'ont eu ce droit et qu'il
ne peut réclamer pour l'avenir : « aucung exploit des
choses sises en ladite ville et lieux ni partie d'iceulx ».

(1) Acte reçu Bernard Pélissier.
(2) A. Lascombe, *Répertoire des hommages de l'Évêché du
Puy*, pages 108, 111, 113.

Trois arbitres prononcent entre eux : Bertrand Mone-
dier, seigneur de Brives, Jacques Filhol, chapelain-curé
d'Alleyras, et Guillaume. prieur de Saint-Jean-Lachamp.
La justice dans les terrains d'Agrain est attribuée au seigneur d'Agrain ; défense au prieur de le troubler dans
l'exercice de cette justice. Sur la terre du prieuré, elle
appartient au prieur ; défense est formulée au seigneur
d'Agrain d'y apporter obstacle. Toutefois l'information
judiciaire qui suit le delit est indivise entre eux ; « In-
quisition, question, examen, deffinition et exégution
par commun appartiennent esdit noble et prieur au nom
de son prieuré et leurs successeurs. » Les amendes infli-
gées aux délinquants sont partagées suivant l'étendue
des terres que le seigneur et le prieur possèdent chacun
sur le territoire d'Alleyras.

La même année, le quatre des calendes de mai, Hugues. prieur de La Voute-Chilhac, dont dépend probablement Alleyras. ratifie pour lui et ses successeurs
l'accord qui vient d'avoir lieu, en présence du sous-
prieur et des religieux dont les noms sont cités dans
l'acte (1). Non seulement Godefroy maintient ses droits
contre ses voisins mais encore il s'occupe d'augmenter
ses biens par des acquisitions.

Au mois de décembre 1302. Dalmaze, veuve de Pierre
de Villaret. damoiseau « de la ville du Prunet » et son
fils, Guillaume de Villaret lui vendent pour le prix de
vingt livres et soixante sols « toute la pareire ou pour-
tion qu'ils ont au château d'Agrain avec leurs droits et
appartenances, cens, rentes, hommes, etc., et la sei-

(1) Acte reçu Dalmas Ausseyre, du dimanche en la fête de
saint Chaffoy, 11 des calendes de décembre 1302. — *Tablettes
historiques du Velay*, v. p. 101.

gneurie qu'ils ont dans les fins et confrontations dudit château », excepté toutefois le droit qu'ils ont au bois de Montgros (2).

L'année suivante, le lundi avant la fête de la Chaire de saint Pierre, il achète de Giraud d'Agrain, habitant d'Ouïdes, tout ce que ce dernier « possède au château d'Agrain et bourg d'icelluy », en outre le mas del Molar, de Lazas, tout ce qu'il au mas d'Anglard et au bourg, château et mandement de Rochefort. Tous ces biens des mandements de Rochefort et d'Agrain, situés sur les paroisses de Saint Martin d'Alleyras et de Saint-Jean-Lachalm, sont vendus pour le prix de neuf cent vingt-cinq livres.

Le vendredi avant la fête de saint Philippe et saint Jacques, le six des calendes de mai, il reçoit l'hommage de Beraud Paulhien, damoiseau, qui tient de lui en fief franc divers biens au mandement d'Agrain, à Ouïdes, à Montfarnier et au lieu appelé dous Arcis (1).

La même année encore, le lundi avant la fête de saint Jean-Baptiste, Godefroy achète de Durand Ponthanier « tout ce qu'il a coutume de prendre au lieu de Séjallières et au mas du Villard », pour le prix de douze sous trois deniers (2).

Sur la fin de l'année, le vendredi avant la fête de la Nativité de la Sainte Vierge, Guillaume de Villaret confesse tenir de Godefroy de Cayres « tout ce qu'il tient soit de lui, soit de Godefroy, son père.

(1) Acte reçu Dalmas Ausseyre, du dimanche en la fête de saint Chaffoy, 14 des calendes de décembre 1302.

(2) *Livre des contrats de Hugues Orvy*, verso 100; acte reçu Margue.

(3) Acte reçu Pierre Chamayrac.

Le même jour, Guillaume « quitte Godefroy de tout ce qu'il lui pouvait devoir (1) ».

L'année suivante (1304), au mois de juillet, Godefroy achète de Jeanne Prieure, veuve de Pierre d'Agrain et tutrice de Peyronet son fils, pour le prix de cinquante-deux livres seize sous tournois, tout ce que Pierre avait au mandement d'Agrain « excepté ce qu'il possédait aux villages d'Anglard, de Gratuze et d'Alleyras (2).

En 1305, le dernier jour d'octobre, noble Pons d'Agrain donne en assence et emphitéose perpétuelle à Clamans Galabaud, la moitié du mas del Molar pour le prix de six livres (3).

Deux ans après (1307), le dimanche avant la fête de saint Pierre ès-liens, Pons Chauchat, de Saussac, donne en emphitéose perpétuelle à Jean Colombet, habitant d'Agrain, la moitié du pré de bel Chomeilh, du champ de *Secheta*, la moitié du champ *del Molar* et terre appelée des *Chauchats* en Montgros, en outre la moitié de deux jardins à Agrain. Ces biens situés dans le mandement d'Agrain sont frappés d'un cens annuel d'une carte de seigle, deux ras d'avoine, à la fête de saint Michel et six deniers tournois au mois de mars (4).

La même année, le samedi avant la fête de saint Pierre d'août, Godefroy passe une nouvelle assence à un nommé Vital de Landos pour « la pagésie », qui appartient à Pierre Gay, de Ribains, son neveu, sous la censive de douze cartons seigle, sept cartons avoine, six car-

----

(1) *Ibidem*.
(2) Acte reçu Roger, notaire royal.
(3) Acte reçu Raymond Magnier.
(4) Acte reçu Pierre Chamayrac.

tons orge et douze sols six deniers et pour les entrées
la somme de cent solz.

En 1308, le samedi après la fête de sainte Catherine,
Hugues Chabrol et Jude Chabrol, oncle et neveu, vendent pour le prix de soixante sols tournois à Godefroy
de Cayres « toutes leurs affaires », dans le mandement
d'Agrain consistant :

1° En un champ appelé de Lazas, près de l'estrade ou
chemin qui va de la Sauvetat vers le pont de Vabres et
près des terres de Pons Gauthier et de l'église d'Alleyras ;

2° Un terroir appelé *la Costa Chabrol* près *del
Lombac* ;

3° « La *pede* ou contenance d'une maison assise
dans le château d'Agrain près du portal dudit château ».

4° La *pede* d'un moulin située près du ruisseau du
Prunet vers Alleyras [1].

En cette même année, 1308, difficulté entre Godefroy
et le prieur d'Alleyras, messire Guido Drelas ; ce dernier prétend que le seigneur d'Agrain s'oppose à tort à
ce qu'il perçoive une dime de blé et d'autres fruits
qu'au nom de son prieuré, il a le droit de lever au mas
de Malafosse et en d'autres terres « qué laboure Pons
d'Agrain ». Il affirme aussi certains droits sur cinq
pièces de terre « ès quelles Godefroy tient la cinquième
partie des fruits illec croissant ». En outre il revendique le pouvoir « de couper et avoir bois au nom et
utilité dudit prieuré chauffant et édifiant » au bois
appelé dous Pradens.

- - -

[1] Acte reçu Jean de Carlata et signé par Hugon André,
son substitut.

Il réclame également d'autres droits, celui de lever une carte de seigle sur un moulin situé au terroir d'Agrain, appartenant à Godefroy et nommé Meygia, celui de prendre trois deniers annuels en un pré de *Gourg lond*, et certaines redevances en un autre pré appelé *lou prat de la Pinède*. Tous ces biens sont situés sur Alleyras. Le règlement de ces difficultés se fait par l'arbitrage de Béraud de Solignac, Raymond Mazery et messire Jacques, prieur de l'église d'Alleyras ; en voici le résultat :

1° Le prieur n'a aucun droit de propriété sur les cinq pièces de terre indiquées plus haut : il ne peut en lever les fruits ; toutefois il a tout droit d'y percevoir une dime de blé ;

2° Le prieur renonce à tout droit sur le bois *dous Pradens* et le moulin de *Meygia* : toutefois pour cet abandon le seigneur d'Agrain remettra chaque année au prieur un carton de blé ;

3° Le seigneur d'Agrain doit laisser le prieur lever les « dîmes pradiales » ou sur les prés au mas de Malafosse et autres pièces de terre que cultive Pons d'Agrain, sans y mettre aucune opposition ;

4° Il doit également laisser le prieur lever « le droit de la cinquième partie des fruits de bledz que ce prieur a au terroir des mas appelés de Cayres et de Vernoux ».

Godefroy et Guido Drelas ratifient les différentes clauses de ce pacte auquel ils promettent d'être fidèles (1).

La même année, le jeudi après la fête de sainte Madeleine, transaction entre Jean Bonhomme d'Alleyras et le seigneur d'Agrain au sujet de certaines terres

(1) Acte reçu Jean de Carlat, du lundi avant la Nativité.

que ce dernier lui avait données en nouvelle assence ;
l'acte a lieu au château d'Agrain, dans la cuisine (1).
Cette même année 1309, le seigneur d'Agrain fait hommage à l'Evêché du Puy (2).

En 1310, difficultés entre Godefroy et Aymon de Rochefort. Le seigneur d'Agrain se plaint de ce que ce dernier porte atteinte aux droits de justice qu'il exerce au mas d'Anglard, Aimon a en effet ouvert une enquête contre un nommé Bertrand Gratuze pour délits commis contre un habitant du mas. Godefroy revendique le droit de faire cette enquête et de punir le coupable. L'affaire se termine par un arbitrage dont les clauses sont réglées dans la cuisine du château (3).

Dans le mois de novembre de la même année Godefroy achète de Bertrand d'Agrain, « tout ce qu'il possède dans le château et bourg d'Agrain, à Anglard, au bourg de Rochefort jusqu'au ruisseau de Malafosse et au pont de Vabres pour le prix de vingt livres.

L'année suivante (1311), le lundi après la Fête-Dieu, il achète de Guillaume de Villaret, dit Crebat, damoiseau, seigneur de Prunet, le bois de Montgros « avec tous droictz, propriétés, servitudes, pertenances et appendances dudit bois et aussi tout droit et toute propriété, possession, juridiction haute et basse, lesquelles ledit Guillaume avait au bois susdit ». Le prix de cet achat est de quinze livres (4).

(1) *Livre des contrats de Hugues Orvy*, verso 256.

(2) A. Lascombe, *Répertoire des Hommages de l'Evêché du Puy*, p. 111.

(3) *Livre des contrats de Hugues Orvy*, fol. 129. — Acte reçu Pierre de Pautes, du mardi après la Toussaint.

(4) Acte reçu Raymond Masnes, du lundi après la fête du Corps.

En 1312, le jeudi de la fête de la chaire de saint Pierre, Hugues de Saussilanges, clerc, reçoit l'investiture de la terre de Vabrettes, qu'il vient d'acheter du seigneur d'Agrain. Comme ce dernier est débiteur de Pierre Falcon, damoiseau, l'acheteur pour droit de lods s'oblige à payer à ce Pierre Falcon la somme de vingt-quatre livres tournois [1].

La même année Godefroy acquiert de Hugues de la Toucheyre, paroisse d'Alleyras, pour le prix de sept livres dix sols « tout ce que ce dernier possède au bois de Montgros et dans la forteresse et murs du château d'Agrain, soit édifices, chazaulx ou autres quelzconques choses [2].

L'année suivante (1313), le jeudi avant Noël, Pierre Gautier, fils de Pons Gautier, à présent prêtre, reconnaît tenir de Godefroy de Cayres en fief franc : 1° Le Mas *mandre* ou moindre de Lazas situé dans le mandement d'Agrain, limité par le mas maire ou majeur de Lazas qui appartient au seigneur d'Agrain, par les terres de *las Clauzas* d'Alleyras et celles de Pierre Denguel, damoiseau ; 2° Un pré situé au territoire de Malaval, limité par le ruisseau de Malaval et le bois de Mazamblard. Pierre rend hommage au seigneur d'Agrain « jointes mains baisant à la bouche ledit noble » et prête serment de fidélité [3].

La même année, veille de Noël, Godefroy reçoit l'hommage de Pons d'Agrain, damoiseau, qui reconnaît tenir de lui en fief franc les cens et droits dont il jouit

---

[1] *Livre des contrats de Hugues Orcy*, verso 238.
[2] Acte reçu Jehan Ternatrois, du 3 septembre 1312.
[3] Acte reçu Etienne Besserie ou Boisserie.

au mandement d'Agrain et ailleurs, spécialement trois cartes de seigle, mesure du Puy, et cinq sols tournois. L'acte en est dressé au château d'Agrain ; parmi les témoins figure Bertrand d'Agrain [1].

En 1314, le jeudi avant l'Assomption, Godefroy fait une transaction avec Aimon de Rochefort au sujet des limites de la Seigneurie d'Agrain « devers le cousté du Moular ».

Aimon prétend posséder en commun, avec Godefroy, un champ dont celui-ci jouit au terroir du Molard « pour raison de cens non payé ».

Godefroy n'accepte pas cette revendication de propriété ; les deux seigneurs s'en remettent au jugement d'Etienne Paulhan pour régler leur différend. Aymon abandonne au seigneur d'Agrain tous les droits qu'il prétend avoir sur ce champ et sur d'autres pièces de terre qui l'avoisinent. En retour, Godefroy délaisse au seigneur de Rochefort, tous les droits dont il jouit au mas d'Anglard, mandement de Rochefort. Il lui abandonne de plus le fief appelé Pinet meia (meja), dont des termes de pierre « à figure de fer » placés par Etienne Paulhan détermineront les limites. Chaque seigneur a de plus pleine juridiction et droit de justice sur la terre qu'il vient de recevoir en échange, Godefroy sur celle que lui accorde le seigneur de Rochefort et réciproquement. En cas de délit commis, le droit de punition appartient à celui des deux seigneurs « ésquels sera ledit homme délinquant », et si ledit homme délinquant est étranger, la punition du délit appartiendra de

[1] *Livre des Contrats de Hugues Orey.* folio 261. Acte reçu Etienne Boisserie, la veille de Noël.

plein droit à celui dans la juridiction duquel il a été commis (1).

Deux ans après, en 1316, Godefroy donne en assence perpétuelle à Vidal Ourle, de Ribains, une maison, une grange et un jardin voisin de cette maison, le tout situé à Ribains, au cens d'une géline ; il est spécifié dans le contrat d'assence que Vidal et ses successeurs sont tenus de couvrir le cellier à leurs dépens, « et le couvert devront entretenir dudit cellier sur ytaige supérieur, tellement que les choses qui seront mises audit cellier ne soient damnifiées ou ne vaillent moins par le fluide de l'eau ou pluie ni autre chose à faulte de réparation dudit cellier (2) ».

Godefroy nous semble avoir été un seigneur assez turbulent ; il a fréquemment des difficultés avec ses voisins, particulièrement avec le prieur d'Alleyras. En 1317, ce dernier, Guy d'Anglard, se plaint de ce qu'il veut s'arroger des droits nouveaux sur les terres du prieuré ; il déplore « plusieurs excès et autres novelletés et oppressions commises contre lui et les gens du prieuré, par les curialz du château d'Agrain ». De son côté, Godefroy prétend que plusieurs fois, les hommes du prieur ont assailli « les curialz » du château. Ils s'en remettent au jugement de deux arbitres pour terminer leur querelle. « Et n'y a aucune deffinition » écrit l'auteur de l'Inventaire des papiers de la famille d'Agrain fait en 1544 (3).

(1) Acte reçu Raymond Masnery ou Masnier, du jeudi avant la fête de l'Assomption de l'année 1315.

(2) Acte reçu Raymond Masnery, du vendredi après la fête de l'Ascension.

(3) Acte reçu Pierre de Pautes, du mardi avant la dédicace de saint Michel, octobre 1317.

La même année, par acte du 11 mai, Godefroy consent à ce que Mathieu Montanhac, René Portalier, Hugues Pinatel, Pierre Mercier et d'autres hommes d'Agrain puissent « ruscher » le bois de Montgros qui lui appartient pour un tiers; toutefois il se réserve le tiers des émoluments qu'on prendra « en ruschant ce bois dans lequel ils ont usage et exploit (1). »

L'année suivante, Guillaume Chauchat d'Agrain, donne par acte entre vifs à noble Armand d'Agrain « tous et chacun ses biens qu'il avait et pouvait avoir par quelconque de cause au château et appartenances d'Agrain (1). »

Godefroy de Cayres mourut sur la fin de l'année 1318 ou au commencement de l'année 1319; un seigneur du nom de Godefroy, probablement son fils, lui succéda comme baron d'Agrain.

Un des premiers actes du nouveau seigneur d'Agrain fut de rendre hommage à Jean, abbé de la Chaise-Dieu, pour ce qu'il tient du monastère au territoire des Arcis et pour la redevance annuelle de quatre setiers de blé, mesure du Puy, et quarante sous, chaque année. L'acte a lieu au monastère, dans la chambre de l'abbé (2). En même temps, Didon de Montlaur, se disposant à exercer ses droits de suzerain, donne tout pouvoir à un huissier pour établir sa mainmise sur le château d'Agrain. André de Longeyre part avec quelques gens pour accomplir sa mission. Arrivé au pied du château, il demande au fils de Godefroy, nommé Arnaud, de lui « rendre bonne seigneurie », c'est-à-dire de se déclarer vassal du

---

(1) Acte reçu Pierre Chaumayrac.
(2) Acte reçu Jean Malliani, 22 mars 1319.

du seigneur de Montlaur ainsi que l'exige le droit féodal.

Loin d'obéir aux sommations de l'huissier, le seigneur d'Agrain résiste ; ses gens maltraitent ceux de Didon et rentrent précipitamment derrière les hautes murailles du manoir, leur jettent des pierres pour les éloigner. En droit féodal, c'était une acte de félonie qui pouvait provoquer de cruelles représailles.

Bien plus, pour se soustraire aux devoirs de vassalité que lui réclame Didon, le seigneur d'Agrain essaie de remettre tous ses droits sur Agrain, à son frère Godefroy, sans l'aveu du seigneur de Montlaur.

Quelques années auparavant, une telle conduite pouvait amener une guerre privée, mais Philippe le Bel les avaient prohibées en 1303 et en 1314 « sous peine de confiscation de corps et de biens ».

Un arrangement amiable termina-t-il ce conflit ? Le vassal rentra-t-il dans le devoir ? Il est difficile de le dire ; mais on peut supposer que la félonie du vassal entraîna la confiscation de son fief qui passa à son frère Godefroy. Une étude attentive de l'acte de 1319 et la série des actes suivants qui sont tous de Godefroy permettent de le croire sans invraisemblance.

Les difficultés qu'avait amenées la mort de son père ne se terminèrent pour Godefroy qu'à la fin du mois de juin 1319. Didon de Montlaur, sur sa réquisition, lève la mainmise qui existait sur le château ; le seigneur paie pour droits de lods à Didon la somme de cent livres [1].

---

[1] L'acte de main levée a été reçu par Hugon André, notaire d'Aubenas, le 25 juin 1319.

Deux ans après (1321), Godefroy fait hommage à l'évêché du Puy (1).

La même année il prend arrangement avec sa sœur Bermunde. Cette dernière, femme de noble Pierre Villatte, seigneur en partie de Juncheyres (2) et de Pradelles, et de l'aveu de son mari « quitte et donne plain droit à noble Godefroy d'Agrain, son frère, tout droit, action ou possession qu'elle pouvait avoir et lui pouvait compéter pour raison de sa légitime et biens directs avec mère, mixte, impère, haute et basse juridiction et actions quelconques qui furent dudit noble Godefroy, seigneur d'Agrain, réservé droit de substitution ». De son côté, son frère la « quite de toute sa dot excepté de deux cents dix livres lesquelles sont obligées (3) ».

En 1322, nouvelles difficultés entre Godefroy et Didon de Montlaur, au sujet du droit d'investiture.

Pierre Gauthier de Mazamblard vend à Barthélemy de Conches, habitant du Puy, trois setiers seigle, une hémine froment deux gélines et un setier avoine et deux sols tournois censuels, qu'il tient en fief franc de Godefroy ; l'objet de cette vente est au terroir de Lazas, mandement d'Agrain ; en outre dix cartonnées seigle, mesure d'Agrain, qu'il tient en fief franc de noble damoiseau Pierre Denguel et douze deniers censuels sur Alleyras ; le tout pour le prix de quatre-vingts livres (4).

---

(1) A. Lascombe, *Répertoire des Hommages de l'Evêché du Puy*, p. 113.

(2) Paroisse de Rauret, canton de Pradelles (Haute-Loire)

(3) Acte reçu Nicolas Casedeu (?) le jeune, comme substitut de Barthélemy *de Vallibus*, du 11 juillet 1321.

(4) Acte reçu Richard, subrogé de Jean de Craponne, du dernier septembre 1322.

Didon de Montlaur investit sur sa requête Barthélemy des biens achetés. Godefroy se plaint de cette usurpation de son suzerain et prétend que l'acheteur ne doit être investi que par lui. Une transaction du samedi avant la Saint-Jean-Baptiste détermine auquel des deux appartient ce droit d'investir. C'est à tort que le seigneur de Montlaur a donné l'investiture ; elle appartient de droit au seigneur d'Agrain.

En conséquence, l'acte qui l'a conférée est annulé, et le 25 juin, Godefroy investit Barthélemy de Conches de l'objet de son achat par la tradition d'une pierre donnée de main à main, et par « le bailh de la pleume du notaire », Jean de Craponne, clerc [1].

L'année suivante (1324), le lundi après la fête de Saint-Chaffre ou Théofrède, le bailly et juge du Velay exécute un arrêt dont nous ignorons la nature, donné à Paris au profit de Bertrand de Solignac contre Godefroy ; il s'agit de dix setiers de seigle que le seigneur d'Agrain prend dans le mandement de Solignac [2].

Le 26 décembre 1325, Godefroy fait hommage à l'évêque du Puy, reconnaissant tenir de lui « tout ce qu'il a et prend à Cayres-la-Ville, et au château de Cayres ».

L'année suivante, il vend à André d'Alzon, en se réservant la faculté de rachat pendant douze ans, six setiers et une émine de seigle, huit setiers et une émine d'avoine et cent sols tournois sur Freycenet et Sereyzet, dans le mandement de Solignac [3].

Le mardi 20 septembre de l'année suivante (1327),

[1] *Livre des Contrats de Hugues Orvy*, fol. 188.
[2] Acte reçu Darthélemy.
[3] Acte reçu Vidal de Villaret.

à la suite d'un procès, il transige avec le seigneur de Montlaur et le prieur d'Alleyras, Guido d'Anglars. Des arbitres qu'ils choisissent se concertent pour la plantation de douze termes ou limites de pierre qui séparent leurs différentes possessions.

La même année, le 25 avril, Pierre d'Agrain, rend hommage à Pons, seigneur de Montlaur, et reconnaît tenir de lui en fief franc et noble La Remygère et Maisonseule, paroisse de Saint-Jean-Lachamp, avec tous les droits et cens dont il jouit dans ces deux manses. Pierre se tient debout, reçoit le baiser de paix de son suzerain, et met ses mains dans ses mains et prête serment de fidélité sur les saints Evangiles. L'acte a lieu devant témoins, au Puy, dans l'hôtel de Grateloup, *in hospitio de Grateloup* (1).

En 1327, dans ce même hôtel, nous voyons faire hommage à Pons de Montlaur ; venait-il de mourir, ou Godefroy accomplissait-il alors un de ces devoirs féodaux qui consistait à faire hommage à chaque « mutation » de seigneur ?

Il reconnaît tenir de lui en fief franc son château d'Agrain avec tout le mandement et territoire de ce nom, les « affaires » (2), de Séjallières, que tient en fief noble Guillaume de Villaret, de Saussac, du Villard, Ribains, Ouïdes, Lazas, Anglard, Gratuze, la *Sanha al Bosc* : toutes ces affaires, *affaria*, sont situées dans

(1) Deux hôtels portaient au Puy ce nom de Grateloup, celui des dauphins de Viennois, et celui des seigneurs de Montlaur. A. Chassaing, *Chronique d'Étienne de Médicis*, II, pp. 101 et 252, texte et notes.

(2) Le mot « affaire » indique en droit féodal, un fief avec ses dépendances.

le diocèse du Puy. Le Bois de Beraude ou Beraudens dans ce même diocèse.

Il fait hommage également pour la ville de Lespéron et l'affaire de la Genestouze, que son père et son aïeul, tous deux du nom de Godefroy, avaient achetées auparavant. Ces fiefs sont reddibles ou rendables. Godefroy fait hommage-lige à son suzerain, debout, les mains dans celles de Pons, lui donnant trois baisers de paix ; de plus, il prête serment de fidélité sur les saints Evangiles [1].

Deux ans après, en 1329, nous voyons le seigneur d'Agrain investir Pierre Borel, du Puy, de vingt cartons de blé que ce dernier vient d'acheter de Reimond Alméras, praticien, dans la même ville ; il reçoit de Pierre « en bonne monnaie nombrée les lods et vente qui lui appartiennent [2] ».

L'année suivante (1330), il achète, le 14 juillet, de demoiselle Guigonne de Saint-Haon [3] et d'Olivier de Saint-Haon, enfants de Raimond de Saint-Haon, décédé, « tout ce qu'ils possèdent au mas de Malafosse pour le prix de dix-sept livres dix sols [4]. La même année, après la mort de Guillaume de Villaret, un de ses vassaux, il réclame à sa veuve Hélycène, la forteresse de Séjalliè-res qu'il prétend lui appartenir. La prétention est excessive ; une transaction dont nous ignorons les clauses vient terminer ce différend.

Trois ans après, en 1334, il reçoit l'hommage d'Armand de Villaret, clerc de l'église du Puy, fils d'Etienne

[1] *Livre des contrats de Hugues Orvy*, folio 18.
[2] Acte reçu Vital Malaure, au Puy, le 9 septembre 1329.
[3] Acte reçu Pierre Champoil, subrogé de Durand Gauthio
[4] Canton de Pradelles.

de Villaret, décédé, fait hommage à Godefroy de Cayres pour le bois de *Sanhas rossas*, situé à Séjallières ; il est limité par un cours d'eau qui descend du pré *del Motaret* jusqu'au ruisseau d'Agrain, et par le bois des héritiers de Guillaume de Villaret. L'acte d'hommage a lieu à la porte d'entrée du cloître de l'église du Puy [1].

Après la mort de son père, Godefroy de Cayres dut rendre hommage au seigneur de Montlaur pour son château d'Agrain ; il le fit le 5 février 1357. Didon est alors seigneur de Montlaur : à ce titre, il en joint un grand nombre d'autres, en particulier celui de baron de Sabran [2].

Un de ses premiers actes fut d'investir Jeannette Liombarde et son fils Mathieu d'une maison située près du château, d'un « hort » et de plusieurs propriétés voisines. Il choisit aussi pour bailli et procureur de la baronnie, Barthélemy Mathieu.

En 1358, Godefroy de Cayres reçoit l'hommage de Jean Paulhan, fils d'Etienne Paulhan, décédé, pour le fief d'Ouïdes et pour tout ce qu'il a dans le mandement d'Agrain ; l'acte est passé à Agrain ; parmi les témoins, signalons Pierre Mingot, prêtre [3].

Le jeudi avant la fête de saint Mathieu de l'année suivante, il reçoit l'hommage-lige et le serment de fidélité de Hugo de la Faye, damoiseau, qui reconnaît tenir de lui en fief franc tout ce qu'il a au territoire de Ribains [4]. Il renouvela cet hommage en 1360.

---

[1] *Livre des contrats de Hugues Orvy*, verso 45.

[2] Livres de contrats de Hugues Orvy, verso 2, folio 7 et suivants.

[3] *Ibidem*, folio 101 ; acte reçu Raymond Paulhan, du 19 octobre.

[4] Acte reçu Raymond Paulhan.

Le 20 octobre de la même année 1358, Godefroy donne en accense perpétuelle à Pierre Portalier, Guillaume Richard et Jacques Richard : 1° La borie et métairie *del Molar*, avec les maisons, jardins, champs, prés, pastureaux, bois, pasquiers en dépendant ; 2° un champ sous la *Sanha*, limité par le bezal qui descend à la Bessède et par la *vie* ou chemin qui va au pré de la Sanha ; le cens de ces biens consiste en deux setiers seigle, une hémine d'avoine, vingt-cinq sols tournois, deux sols six deniers, quatre gélines, un carteyron de fromage, et les manœuvres et boirades que les trois emphitéotes doivent faire suivant l'usage du mandement d'Agrain [1].

Deux ans après, en 1360, Godefroy reçoit l'hommage lige de Odon du Moulin, qui, « debout et jointes mains » lui jure fidélité et se reconnaît son vassal pour tout ce qu'il tient au lieu du Villard [2].

L'année suivante, le 10 février, il reçoit un autre hommage, celui de Catherine de Bar, veuve de Bertrand Amalinius, damoiseau, mère et tutrice de Jean et Elizabeth ; elle lui fait hommage comme seigneur d'Agrain et conseigneur de Montdragon pour un fief franc qu'elle tient à Ouïdes ; l'acte en est passé à Séjallières : parmi les témoins, il faut citer Bertrand de Bauche, doyen de Moyrac — decano de Moyraco ; Maurin de Bosc, prieur de Saint-Jean-Lachalm ; François de Bosc, prieur d'Alleyras ; Pierre Mingot, prêtre et Jean Paulhan, clerc [3].

Le même jour, Pierre Portalier, Hugo Pinatel, Pierre

---

[1] Acte reçu Raymond Paulhan.
[2] Du même, 20 septembre 1360.
[3] Livre des contrats de Hugues Orvy, verso 98.

Mercier, Pierre Loutard, Grégoire Loutard, et Pierre
Mingot, ce dernier, prêtre, au nom des hommes d'A-
grain, reconnaissent tous les droits de Godefroy sur le
bois de Montgros ; ils reconnaissent en particulier qu'il
peut disposer du bois de chênes, de hêtres et de noisetiers
« qui de présent sont en une partie dudit bois, du côté
d'Alleyras » ; ils réservent tous les droits dont ils jouis-
sent dans ce bois, droits reconnus dans des transactions
antérieures (1).

Un mois après, le 5 mars, Godefroy reçoit l'hommage
d'un vassal : Pierre de Faye ou de Vergezac, seigneur
de Vabrètes, paroisse de Saint-Jean-Lachalm, comme
héritier de Robert de Sausselanges, décédé, reconnait
tenir en fief franc :

1° Huit cartons d'avoine, mesure d'Agrain ;

2° Le mas de Vabrètes *las Jounes* avec ses dépendances. L'acte est passé à l'hôtel de Grateloup, au cloître du Puy, en présence de Pons de Montlaur, chanoine du Puy, Maurice de Senssac, baile de Montlaur et
Barthélemy Margerit, notaire royal (2).

Quelques jours après, il reçoit l'hommage, de Nicolas Sommier, damoiseau pour ce qu'il tient au mandement d'Agrain, et le 22 décembre 1362, celui de
Barthélemy Mathieu, du Bouchet-Saint-Nicolas, pour
ce qu'il tient au terroir de la Faye et au mandement
d'Agrain (3).

Le 25 mars 1362, Armand de Font, tuteur de Peyron-
net et d'Armand, enfants de Jean Paulhan, damoiseau,

(1) Acte reçu Raymond Paulhan.
(2) Livre des contrats de Hugues Orvy, verso 235.
(3) Actes reçus Raymond Paulhan, le premier du 28 mars
1361.

décédé, fait hommage à Godefroy, seigneur d'Agrain et coseigneur de Montdragon pour Ouïdes. L'acte en est passé à Agrain, en présence des témoins suivants : Etienne de Villaret, damoiseau, seigneur de Séjallières, Pierre Mingot, prêtre, et Jean Paulhan, clerc (1).

Le 22 décembre de la même année, Pierre Lautier, fils de Pierre Lautier, et Catherine Pricure, bourgeois du Puy, font hommage à Godefroy ; le père du seigneur d'Agrain, nommé aussi Godefroy, y est appelé homme « *bonæ memoriæ.* »

Il reconnaît tenir tous les droits et juridiction qu'il a au mas de Gratuze, paroisse de Saint-Jean-Lachalm. Cet acte d'hommage a lieu au Puy (2).

Godefroy achète en 1363 de Paulhien Bernard six ras avoine, vingt-neuf gélines et huit deniers de rente au mandement d'Agrain, pour le prix de vingt-cinq livres dix sols (3).

L'année suivante (1364), le 22 décembre, dans un acte où il est qualifié de seigneur de Montdragon, Godefroy reçoit l'hommage de Barthélemy Mathieu, du Bouchet-Saint-Nicolas, qui pour lui et ses successeurs reconnaît tenir du seigneur d'Agrain tout ce qu'il possède au territoire de la Faye et dans le mandement d'Agrain (4).

Le 8 août de l'année 1365, il reçoit l'hommage lige « jointes mains » de Etienne de Villaret, damoiseau qui

---

(1) Livre des contrats de Hugues Orvy. folio 103.

(2) *Ibidem*, fol. 180, acte reçu Raymond Paulhan.

(3) Acte reçu du lundi après la fête de saint Philippe et de saint Jacques.

(4) Acte reçu, Raymond Paulhan.

tient en fief franc de lui tout ce qu'il possède à Montlong, paroisse de Saint-Jean-Lachalm (1).

Deux ans après, le 16 novembre 1367, Godefroy
donne en emphitéose perpétuelle à Barthélemy Bret,
demeurant à la borie de Ribains : 1° Le champ de la
Planche « qui jadis fut de Guillaume Cheyrat, » limité
par le champ dudit Barthélemy, le ruisseau de Ribains,
et le chemin qui de Ribains se dirige vers Freycenet ;
le cens annuel est fixé à 4 deniers.

2° Un pastural situé à Ribains « qui fut jadis dudit
Guillaume », limité par le ruisseau de Ribains, appelé
Lempéze et par le moulin de Guillaume Cheyrat ; cens
annuel : six deniers (2).

Un mois après, le 22 décembre 1367, par son procureur, noble Jausserand Dantilh, damoiseau, Godefroy
accense en emphithéose perpétuelle à Barthélemy
Barjon, *alias* Brèt, un pastural situé à Ribains, et un
champ appelé *le Pradat*, cens annuel dix deniers
tournois (3).

En 1369, il donne en accense perpétuelle à Guillaume
Faberel, de Ribains :

1° « Le fait », de Pierre Gay décédé, situé à Ribains,
comprenant maisons, granges, chazaux, curtilages,
jardins prés, pasturaux, pasquiers, etc...

2° Un pré situé aussi à Ribains appelé *à la Fonta-
nilh*.

<hr>

(1) Du même. Livre des contrats de Hugues Orvy, folio
49. En cette même année 1365, messire Pierre d'Agrain,
prieur de Médeyrolles (canton de Viverols, Puy-de-Dôme),
figure dans un accord entre l'abbé et les religieux de Pébrac,
17 novembre (A. CHASSAING, *Spicilegium Brivatense*, p. 399.)

(2) Acte reçu Jean Paulhan.

(3) Acte reçu Jean Paulhan.

Le cens annuel payable partie à la Saint-Michel, partie à la fête de l'Annonciation, est de quatre cartes de seig'e, une carte d'avoine et une carte d'orge, pour les terres, et pour les prés de 5 sols 6 deniers ; en outre la taille sera de 5 sols 6 deniers, et les entrées vingt gros d'argent [1].

L'année suivante, le 24 août 1370, Godefroy reçoit l'hommage de Pierre Paulhan, damoiseau, fils et héritier de Jean Paulhan, damoiseau, pour un fief franc situé au mandement d'Agrain ; l'acte d'hommage a lieu au château, en présence de Raymond de Cayres, bachelier ès lois, Pierre de Vergezac, Pierre Paulhan, religieux de Pébrac, Bertrand d'Agrain, Jean Bérard et Jean Raulin, d'Ouïdes, Pierre Lautier, clerc [2].

Au mois de novembre 1372, Laurent Goys de Cayres et Guigone Alamande, sa femme, vendent à Godefroy un champ et un pré appelés *de Formanié* et de *las Cluzelles* et ce qu'ils ont à la Remigère, pour la somme de 47 livres.

Six ans après, en 1378, Pons de Montlaur passe achat à Godefroy, des vil'ages de Ribains, de l'Espéron et du territoire de Genestouze, pour le prix de quatorze mille sous [3].

En 1386, Raymond de Cayres, au nom de son père Godefroy, donne en accense et emphithéôse perpétuelle à Guillaume Serras fils, habitant à Ouïdes, paroisse d'Alleyras :

1° Un pré appelé l'*Ouche*, situé sur le ruisseau

[1] Acte reçu Pierre Barjon, du 25 novembre 1369.

[2] *Livres des contrats* de Hugues Orvy, folio 91.

[3] Acte du 16 des calendes de juillet, reçu Cellier ; voir MANDET, *Histoire du Velay*, IV, pages 258 et 261.

d'Agrain, limité par ce ruisseau et par le ruisseau de *las Blacheyras.*

2° Divers biens situés au Moulard, comprenant maisons, jardins, champs, prés, bois, au cens annuel accoutumé pour ces biens et à celui de 2 sols 6 deniers pour le pré [1].

Deux ans après, en 1388, il assiste à une prestation de serment de Pierre Gérard, évêque du Puy [2].

Le 10 août 1392, Jean Chastel, damoiseau, reconnaît tenir en fief franc de Godefroy tout ce qu'il possède à la Faye et au territoire d'Agrain ; il en fait hommage en la cour du château [3].

Le 26 novembre 1394, noble Bertrand Paulhan, baile d'Agrain et procureur de Godefroy, donne à nouvelle accense aux hommes de Ribains mentionnés dans l'acte « toutes terres vacquantes de mainmorte situées à Ribains » pour la censive d'un setier seigle, un cartal avoine et vingt cartals orge et cinq sols tournois [4]

III. — BERTRAND DE CAYRES

A Godefroy, succède comme seigneur d'Agrain Bertrand de Cayres ; il est aussi seigneur de Montdragon. Le premier acte que nous connaissions de lui est de 1401 ; à cette date, Jean Chastel, damoiseau, de *Sanhas Longhas,* diocèse de Mende, lui fait hommage

---

(1) Acte reçu Pierre Bonhomme, du 4 mai 1386.

(2) *Gallia Christiana,* II, col. 741, D.

(3) Acte reçu Pierre Bonhomme. *Livres des Contrats,* de Hugues Orvy, fol. 265-267.

(4) Acte reçu Pons Bouche.

pour ce qu'il possède au lieu de la Faye, mandement d'Agrain [1].

Trois ans après, en 1404, il reçoit l'hommage de Pierre Lautier et de Catherine Prieure, bourgeois du Puy, pour tout ce qu'ils tiennent en fief noble à Gratuze paroisse de Saint-Jean-Lachalm [2].

La même année, au mois d'octobre, Mathieu Amblard d'Espale, paroisse de Saint-Christophe, reconnaît tenir en fief de Bertrand, divers biens dans le mandement d'Agrain :

1° Une fraycenète ou oseraie située à Freycenet, paroisse de Saint-Christophe, limitée d'une part par la grange d'Etienne Baudet et d'autre part par une *vie* ou chemin.

2° Un pré appelé de *la Combe*, situé également à Freycenet [3].

Le 3 août 1405, Guillaume Serrier d'Agrain, passe reconnaissance à Bertrand d'un pré au territoire d'Ouïdes, appelé *Prat cumynol*, à la censive de quatre sols [1].

Deux ans après, à la requête de noble Falcon de Favelle, « tous les cens, rentes et juridictions que Pierre Lautier, notaire au Puy, perçoit à la Remigère, Maison-seule, Gratuze et Freycenet, sont vendus par arrêt de la cour royale du Velay ; il obtient cette vente pour le paiement de la dot de Jeanne Lautier, sa femme, fille de ce notaire. Comme une partie des biens vendus dépend en fief de Bertrand de Cayres, ce dernier donne tout

[1] Acte reçu, Pierre Bonhomme, 18 mai 1401.
[2] Du même, 3 octobre 1401.
[3] Acte reçu Pierre Bonhomme, du 3 octobre 1401.
[4] Acte reçu Jean Paulhan, du 3 août 1405.

pouvoir à son procureur, Jean Limouzin, du Puy, pour investir l'acheteur, Louis de Vergezac [1].

La même année, en vertu d'une transaction entre le seigneur de Montlaur et le prieur d'Alleyras, ce dernier, par acte dn 22 mai 1407, crée Bertrand Paulhan baillif de ses terres d'Alleyras.

IV. — Antoine de Cayres

De 1407 à 1427, nous ne connaissons aucun acte concernant Agrain. A cette dernière date, Antoine de Cayres en est seigneur.

Le 22 février de cette année, Bernard et Pierre Serres, père et fils, reconnaissent tenir de lui, en emphitéose perpétuelle, certains biens situés dans le mandement d'Agrain ; ils lui en font hommage « estant à genoux, jointes mains, le pouce du seigneur baisant ». Ces biens consistent en une maison et curtilage, situés près de « l'ort », du château, quatre prés appelés le *rochan de Peyres*, le pré l'*Ouche*, le pré *Chavalas*, limité par le bois de Montgros et le pré de la chapelle d'Agrain et par le bois de cette chapelle, le pré nommé *Prat cumynal* ; un jardin appelé *la Pausa*, borné par le chemin qui d'Agrain va vers Alleyras et par la « graveyre de Malleval » et enfin la tierce partie du terroir de Moulard. Le cens de ces divers biens est ainsi fixé : quatorze cartons un tiers de seigle, mesure d'Agrain, quatorze ras un tiers d'avoine, quatorze sols dix deniers d'argent, cinq sols pour taille annuelle et huit livres et demie de fromage avec quelques gélines [2].

---

[1] Acte reçu Jacques Bougerne, 10 juin 1407.
[2] Acte reçu Jean Paulhan, d'Ouïdes.

En 1439, Antoine donne à nouveau cens un bois à Jean Alby, Thomas Alby et Grégoire Granger, du Bouchet-Saint-Nicolas; le bois est situé « dans la dépendance d'Agrain » ; le cens nouveau est de 8 cartons seigle et un sol d'argent [1].

De 1439 à 1451, nous ne connaissons aucune transaction du seigneur d'Agrain

Le 25 janvier 1451, il donne en accense et emphitéose perpétuelle à Vidal Guibert et à Colin Chazalier, du Bouchet, moyennant la redevance annuelle de six ras de seigle, deux bois situés au mandement d'Agrain appelés de *las Devesas* et de *las Rochas-Neyres*.

Vers le même temps, il accense pour la redevance annuelle de trois ras bon blé seigle à Simon Scublac, du Bouchet, un bois situé au mandement d'Agrain appelé *es Eneres de la Rocheta*. De plus, Vidal Pascal, procureur du seigneur d'Agrain, accense, au nom de son maître, à Jacques Brossard et André Chazalz, du Bouchet, un bois situé au mandement d'Agrain et appelé *es Rochas de Lebre* [2].

V. — Thomas de Cayres

Un acte de la fin de l'année 1451, passé en faveur de Thomas de Cayres nous autorise à croire que la mort d'Antoine, son père, arriva peu auparavant, et qu'il lui succéda comme seigneur d'Agrain.

Le 23 novembre de cette année 1451, Thomas passe une nouvelle accense aux hommes de Ribains pour un

[1] Acte reçu Roche, notaire
[2] Acte reçu. Pons Rochier

bois appelé *le Coing* sous la censive annuelle d'une géline pour chaque homme faisant feu (1).

Le 28 avril 1455, il donne à nouvelle accense et emphitéose perpétuelle à Pierre et Jean Bret, père et fils, de Ribains, l'autorisation de prendre « les eaux qui naissent ès fontaines étant dans sa totale codère (coudraie) du lieu de Ribains et icelles mener et faire dériver par chanals ou autrement dedans leur pré appelé le *prat Delvot del Rieu* à cause de iceluy faire arroser ». Ce pré est limité par le chemin qui va de Ribains à Pradelles, celui qui va de Rauret à Landos et par le ruisseau appelé de Lempèse (2).

En 1457, il donne en nouvelle accense à Guillaume Gay, d'Ouïdes, un bois situé au territoire d'Agrain, appelé *la Raneure*, sous la censive de trois cartons blé seigle, mesure d'Agrain, payables à la fête de Saint-Michel et portables au château d'Agrain, et aux « entrées de deux escus (3) ».

La même année, le 19 novembre, il donne à nouvelle accense à Jean Gautier, prêtre de Jagonnas, paroisse de Rauret, pour le cens annuel de huit deniers tournois, et deux livres d'entrées payables à la fête de Notre-Dame de Mars, une pièce de terre située au territoire de Ribains appelée *el Coing*, limitée par deux prés distincts, un chemin qui va de Jagonzac vers Jagonnas, et le ruisseau appelé Lampèse. Il lui concède de plus le droit de prendre de l'eau au Lampèse pour arroser cette terre qu'il veut convertir en pré ; ce droit concédé

(1) Acte reçu, Pons Rochier.
(2) Acte reçu, Claude de Abriges.
(3) Acte reçu le 4 août 1457.

sous la censive de deux deniers et un écu d'entrées [1].

Quelques jours après, le 30 novembre, il accense pour un carton de seigle chaque année à Thomas Faberel de Ribains, un chazal « auquel antiquement estoit molin », situé au lieu de Ribains ; dans cet acte se trouve aussi la permission de se servir des levades et de l'eau du Lampèse [2].

La même année, le 8 décembre, nouvelle accense à Michel et Pierre Chauchat, Armand Cayres, *alias* Bonnault de Saussac, pour le territoire appelé *las Courbes*, prés de Saussac, acquis de noble Nicolas Chevalier, sous la censive de vingt-cinq cartons blé, mesure d'Agrain, payables chaque année à la fête de Saint-Michel et aux entrées de neuf écus d'or [3].

Deux ans après, le 26 avril 1459, il accense à Jacques Broussard et André Chazal, du Bouchet-Saint-Nicolas, un bois appelé *las Sanhas de la Lebre*, situé près de la chapelle Saint-Pierre d'Agrain, moyennant la censive d'un carton seigle et de six sous tournois et treize deniers, pour les entrées.

Cette même année, Vidal Pascal, clerc du Moulard, procureur de Thomas de Cayres, donne à nouvelle accense à Guigue et Isabelle Vacheyres un bois de la seigneurie appelé *lou Rouchen de Peyro*, à la censive de trois cartons seigle, mesure d'Agrain, et trois livres quinze sols d'entrées [4].

Le 9 juin de l'année suivante (1460), Bertrand Chauderac, de Pradelles, bailli d'Agrain, procureur de

[1] Acte reçu Claude d'Abriges.
[2] Du même.
[3] Acte reçu Pons Roichey.
[4] Acte reçu le 25 mars.

Thomas de Cayres, donne à Jean Mathieu, de Ribains, « licence et faculté d'augmenter son moulin situé à Ribains à utilité d'yceluy et dedans faire un autre moulin, et ce du côté du ruisseau dudit lieu (le Lempèse), et prendre de la chose publique en grandeur dudit moulin, tant que contient la muraille d'ycelui et en longueur tant que s'étend la muraille d'ycelui moulin ». Il peut aussi augmenter la levade du moulin, tant qu'il sera nécessaire. « Et pour ycelui augment », Jean Mathieu et ses successeurs seront redevables chaque année au seigneur d'Agrain d'un boisseau seigle, mesure du Puy (1).

Deux ans après (1462), nous voyons ce même procureur donner en accense pour le prix annuel d'un denier tournois à Etienne et Jean Bret, oncle et neveu, de Ribains, une pièce de pré situé près de Ribains, limité par le pré *del rieu*, le ruisseau de Lampèse, le chemin public qui va de Ribains vers le Pratclaux et le pasquier commun de Ribains (2).

La même année, probablement à l'occasion d'une « mutation de seigneur », dans la maison des Montlaur, Thomas fait hommage à François de Malbec, seigneur de Montlaur, pour la place d'Agrain, le 16 avril 1462 (3).

En 1464, Bertrand Chauderac, au nom de son maître, investit André Gratuze, d'Anglard, de deux pièces de pré et d'une terre situées au territoire d'Arzac, acquises de Vital Pascal (4).

(1) Acte reçu de Briges.
(2) Acte reçu Claude de Briges, du 22 juin.
(3) Acte reçu Valentin.
(4) Acte du 9 mai 1464.

Le 25 octobre de la même année, nous voyons le roi Louis XI donner des lettres patentes au commissaire par lui député au sujet d'une nouvelle accense concédée par Thomas de Cayres du bois de Montgros, qui se tient en arrière-fief de la couronne.

L'année suivante (1465, 25 mai), Thomas qualifié dans l'acte de seigneur de l'Espéron, donne en accense à Michel Richard, clerc d'Ouïdes, pour la redevance annuelle de huit deniers tournois, trois pièces de terre situées au territoire d'Agrain, avec faculté de les arroser avec l'eau du ruisseau d'Agrain [1].

Le 21 juin 1467, Bertrand Chauderac, toujours bailli d'Agrain, donne en nouvelle accense à Etienne et Jean Bret, de Ribains, un pré à la censive d'un denier tournois et vingt sols d'entrées [2].

Nous ne connaissons aucun acte concernant la seigneurie d'Agrain de 1467 jusqu'à 1484, année dans laquelle Thomas donne à nouvelle accense à Guillaume Chauchat, d'Agrain :

1° Un chazal et curtilage étant au-dessus de la chapelle du château, limité par le jardin du seigneur, le chemin qui va de cette chapelle à Ouïdes, le jardin du seigneur d'Ouïdes et la roche commune.

2° Un jardin situé en Baudras.

3° Une prise d'eau pour dériver l'eau du ruisseau d'Agrain et la conduire dans le pré de Guillaume, appelé de *las passas*, où il veut construire un moulin. Le cens annuel est fixé à deux cartons seigle, un ras avoine, mesure d'Agrain et une géline.

Thomas de Cayres eut au moins deux enfants :

[1] Acte reçu Claude de Briges.
[2] Du même.

1° Guillaume de Cayres, qui en 1492, dans la transaction dont nous allons bientôt parler, est qualifié de chevalier et seigneur d'Antraigues ; à cette date il est déjà marié et a plusieurs fils qui continuent la descendance masculine de la famille de Cayres.

2° Louise de Cayres ; elle épousa Guillaume Maurel qui, dans cette même transaction de 1492, est qualifié de seigneur de *Ruppes ;* il fut aussi seigneur d'Agrain du fait de sa femme , qui dut lui apporter la seigneurie en dot.

CHAPITRE DEUXIÈME

Agrain sous Guillaume Maurel (1492-1510), et sous Pierre Farnier et son fils Gautier Farnier.

I

Après la mort de Thomas de Cayres, un procès s'engagea entre le frère et la sœur au sujet du partage de leurs droits sur Agrain. La baronnie et le château sont « sequestrés, baillés à régir et à gouverner soubz la main du roi » à Pierre de Rochefort ; un appointement (1) intervient entre les parties ; il est ordonné à Pierre « de se désister du gouvernement et administration de la place et château d'Agrain, et de rendre compte de son administration ».

(1) Lorsqu'une affaire était embrouillée et que la solution en était difficile, il était d'usage de renvoyer les parties à une décision qui devait être prise plus tard sur le vu des pièces. L'appointement était un moyen fréquemment employé pour ajourner indéfiniment un procès.

Le 15 janvier 1492, une transaction intervient entre le frère et la sœur ; elle nous apprend en substance que Guillaume Maurel doit donner au seigneur d'Antraigues pour ses droits sur la baronnie, dix livres de rente « censuelles et redituelles », avec droit de louer et investir, au mandement de Solignac, paroisse du Bouchet, au lieu appelé Le Mazel.

En 1494, nous voyons Antoine Pradier, de Landos, reconnaitre qu'il tient de Guillaume Maurel et de Louise de Cayres plusieurs propriétés, entr'autres, une métairie, à la censive de cinq cartons de seigle, deux d'orge, deux ras d'avoine, payables chaque année à la fête de Saint-Michel ; deux sols six deniers pour la taille et deux sols neuf deniers pour les prés (1).

La même année, au mois de décembre, Gaspard Johanny, marchand du Puy et seigneur de la Remigère, reconnaît tenir en fief franc de Guillaume Maurel, tout ce qu'il possède au mandement d'Agrain, consistant en cens, rentes avec droits de lods, d'investiture et de prélation.

Il fait hommage de ces biens « étant debout et baisant son seigneur à la bouche » ; il déclare en outre que pour l'avenir, il fera reconnaissance et hommage de ces biens toutes les fois qu'il en sera requis (2).

En cette même année, Guillaume Maurel qui au titre de seigneur d'Agrain joint celui de seigneur de Séjallières, Rochefort, etc., fait renouveler le terrier de la

(1) Acte reçu André Alby, du 6 novembre.

(2) Acte reçu André Blanc, notaire royal du 13 décembre. Beaucoup d'actes d'achats de Guillaume Johanny et de Gaspard Johanny, son fils, sont reçus par Mathieu Pradier, notaire.

baronnie d'Agrain par André Alby, notaire royal au Bouchet-Saint Nicolas.

La table de ce terrier nous fait voir que la baronnie a des justiciables dans les villages suivants : Saussac, le Villard, Agrain, le Moulard, le Prunet, le Cluzel, Mazemblard, Ouïdes, le Bouchet-Saint-Nicolas, le Cros, Alleyras, Genestouze, Anglard, Gratuze, Maisonseule et Séjallières.

Les cens annuels portés sur ce terrier sont payables à la Saint-Michel en seigle, avoine, froment, gélines et argent. Nous allons extraire de ce terrier, en suivant l'ordre des lieux précités, les faits qui offrent quelque intérêt.

Saussac a sept censitaires.

Le *Villard* n'en contient que cinq; ils prennent part à la transaction du 31 janvier 1497, dont nous parlerons plus loin. Parmi eux figure Guillaume Chauchat, portier du château d'Agrain (1).

Ce même Guillaume Chauchat figure encore dans la partie du terrier consacrée à Agrain ; il reconnait la liberté qui lui a été accordée de faire une *lève* au ruisseau d'Agrain pour conduire l'eau dans son moulin, en outre une maison placée sous le château, deux champs, un pré ; pour ces biens, en outre des manœuvres et boirades accoutumées, il paie comme cens deux cartons de seigle, un ras d'avoine, mesure du château, dix-neuf deniers d'argent et une géline. Indiquons aux environs immédiats du château : le chemin de *Chastelveilh* qui, au midi, passe derrière la chapelle Saint-Pierre ; au levant, un rocher appelé Chastelveilh ;

___
(1) Terrier Alby, de 1494, folio 12.

ce nom n'indique-t-il pas l'existence d'un château antérieur à celui du xv⁰ siècle ? (1)

Le Moulard figure pour deux justiciables qui, avec ceux du Prunet et du Cluzel, prennent part à la transaction du 31 janvier 1497, dont nous parlerons plus loin (2).

Le 16 décembre 1494, les hommes de Prunet et du Cluzel rendent hommage pour une borie ou métairie appelée *de Bilhon*, composée de chazeaux, jardins, prés, pasturaux et bois, terres, etc ; ils prennent leur chauffage dans les bois du seigneur d'Agrain et sont taillables aux cinq cas de droit (3).

Deux ans après, le 12 mai 1496, ils prennent part à une transaction avec Guillaume Maurel. Ils se soumettent à tous les droits féodaux insérés au terrier de 1494 « excepté toutefois qu'ils ne seront point tenus de rebâtir la maison de Bilhon, qu'ils avaient laissée tomber en ruines, sinon dans le cas d'un déguerpissement (4) ». Pour être exemptés de la rétablir, ils s'engagent à payer chaque année au seigneur d'Agrain, la somme de six livres et un quartier de bon fromage, à sa réquisition (5).

Le 6 février 1494, les hommes de Mazamblard au nombre de neuf « unis en pagésie » font hommage pour le territoire de Malafosse et reconnaissent qu'ils ont la liberté d'y faire paître leur bétail (6).

(1) Fol. 11, 26, 28 et 30.

(2) Fol. 42.

(3) Fol. 40, 41.

(4) Le déguerpissement était l'abandon par son possesseur d'un immeuble grevé de charges excessives ; c'était un acte passé au greffe et homologué par jugement.

(5) Fol. 21.

(6) Fol. 11, 12, 17.

Plus tard, le 14 mai 1499, dans une transaction passée avec leur seigneur, ils s'engagent à tenir comme par le passé le territoire de Malafosse sous la totale juridiction du baron d'Agrain à la censive en argent de deux livres, deux sols, six deniers d'argent.

Outre les reconnaissances particulières de onze tenanciers d'Ouïdes, nous voyons les habitants de ce lieu faire une reconnaissance collective pour le bois de Lombac [1]. Le 30 avril 1494, noble Antoine d'Ouïdes, seigneur de ce lieu, reconnaît que son village d'Ouïdes relève en toute justice du seigneur d'Agrain [2].

Le *Cros* n'a qu'un seul reconnaissant au terrier [3].

Le *Bouchet-Saint-Nicolas* figure au terrier pour vingt-deux justiciables ; parmi eux, signalons Philippe Vianes, prêtre qui doit le cens de seize deniers pour un pré appelé *lou prat dessoubz las Costes d'Agrain* [4]

Un accord passé le 16 novembre 1494 entre le seigneur d'Agrain, d'une part, et Jacques Gratuze, Jean Veyrier, d'Alleyras, d'autre part, nous apprend que ces derniers reconnaissent à Guillaume Maurel le territoire *del Suc*, limité par trois pierres à chacune desquelles fut faite « une piqueyre ou escayre » avec un marteau ; cens annuel, six deniers. En cette même année, Etienne Vianes, d'Alleyras, reconnaît « la prise et capture de l'eau du ruisseau d'Agrenet pour icelle conduire à son molin ». Enfin, le 16 décembre 1494, les hommes d'Alleyras se reconnaissent obligés de porter au château pour

[1] Fol. 29, 30, 32, 36, 37.
[2] Fol. 28, 38, 39, 40, 41.
[3] Fol. 22.
[4] Fol. 17, 23, 29, 31, 35, 38.

la garde des basse-cours, de cinq en cinq ans, chacun
« un faix de buissons » (1). La transaction de 1497, dont
nous parlons plus loin, sanctionnera encore ce devoir
d'entretenir les fortifications du château qui incombe
aux hommes du mandement d'Agrain.

Les reconnaissants des autres lieux dits sont peu nombreux, un pour Genestouze, deux pour Anglard et deux
pour Gratuze, six pour Maisonseule, trois pour Séjallières. Aucune autre particularité ne mérite d'être signa-
lée.

Le 22 octobre 1497, Guillaume Maurel investit quelques habitants de Maisonseule pour « diverses terres et
bois situés près de Montfarnier », il reçoit de ce chef les
lods auxquels il a droit (2).

Le renouvellement du terrier en 1494 ne se fit pas
sans difficulté. En vertu de ses titres originaux, Guillaume prétend que les habitants du mandement sont
taillables de toute ancienneté aux six cas suivants : nouvelle chevalerie, voyage d'outre-mer pour acquitter le
vœu d'aller à Jérusalem, mariage ou entrée en religion
des enfants du seigneur, achat de terre ou chevance,
rachat de la personne du seigneur, s'il est fait prisonnier de guerre ou détenu par des ennemis, enfin départ
du seigneur pour la guerre, lorsqu'il est convoqué par
le roi.

Guillaume Maurel prétend que, lorsqu'un de ces cas se
présente, il a droit de lever la taille sur chacun de ses
justiciables. Quelque temps auparavant à l'occasion de
l'entrée d'un de ses enfants en religion, il veut lever

(1) Fol. 18, 35, 41.
(2) Acte reçu Pierre Bonnet, notaire du Puy. — Cf. Terrier Alby, fol. 42.

une taille dans la baronnie ; ses gens résistent et por-
tent leurs intérêts à la sénéchaussée de Beaucaire et
Nîmes qui leur donne tort.

Le seigneur se fondant sur ses titres et terriers,
réclame aussi des habitants du mandement, la réparation du château. Comme la sécurité n'existe guère et
que son manoir est en mauvais état, il demande à ses
justiciables de faire guet au château, le jour et la nuit,
de travailler à la restauration des basses-cours du château et exige aussi qu'en cas de réquisition, ils fassent
des manœuvres et boirades, sinon, il les y contraindra
par les voies de la justice.

De plus, Guillaume réclame le porterage ou la garde
de la porte du château à raison de deux *cartonnières*
de seigle, mesure du Puy, payables par chaque habitant
à la fête de Saint Michel. Les habitants du mandement
avaient refusé de reconnaître ce droit, lors de la confection du dernier terrier.

Pour un seigneur besogneux ou exigent, il y avait
dans de telles réclamations une excellente occasion de
faire mettre son château en bon état et de prendre ses
sûretés ; mais ce n'était pas toutefois la pensée de
Guillaume qui réclame des droits anciens et bien fon-
dés.

Ses réclamations qui peuvent paraître excessives à
qui ne connaît pas l'origine légitime des droits féodaux,
fournissent aux habitants de la seigneurie un bon motif
pour lui résister.

Un certain nombre d'entr'eux, dont le nom nous a
été conservé et qui habitent au Moular, au Villard et
à Saussac refusent le paiement de ces droits.

Ils prétendent qu'ils n'ont jamais payé de taille dans

les cinq ans indiqués par le seigneur et veulent maintenir leur exemption.

Ils refusent également de travailler à la réparation du château, mais acceptent toutefois d'en restaurer les basses-cours ; quant au guet, *bade* et clameurs, nous n'y sommes pas tenus en temps de paix, disent-ils ; en temps de guerre, nous offrons de les faire, ainsi que c'est notre devoir.

Ils n'acceptent pas en principe le droit de porterage, tout en reconnaissant que c'est un usage pour eux de porter chaque année au château, à la fête de saint Michel, deux *cartonnières* de seigle, mesure du Puy.

Un refus aussi positif s'opposant à la demande de Guillaume Maurel devait naturellement amener un procès : il fut porté à la sénéchaussée du Puy ; toutefois les habitants du mandement perdirent vite leur assurance du début ; voyant que leur refus n'est pas justifié, ils se décident à transiger : deux arbitres sont choisis pour régler le différend, Pierre de Rochefort, chevalier, seigneur de Rochefort et de Séjallières par Guillaume Maurel et Jean de Frécynettes, chevalier, seigneur de la Baume et de Sinzelles par les habitants de la baronnie. Les articles de cette transaction nous font voir quels sont les principaux devoirs féodaux qu'ont à remplir les justiciables du mandement à l'égard de leur seigneur. Nous sommes à une période intermédiaire ; la vie féodale va cesser avec les guerres particulières ; le château d'Agrain va bientôt être délaissé et abandonné par les Orvy, seigneurs du siècle suivant, retenus au Puy par leurs fonctions consulaires, Ils aimeront bien mieux habiter leur hôtel de la capitale du Velay que de vivre au sommet du roc escarpé et derrière les froides murailles du vieux château féodal.

Les six cas de taillabilité exigés par le baron d'Agrain sont réduits à cinq : il abandonne librement le droit de lever une taille en cas de départ pour la guerre quoique reconnu dans les deux derniers terriers de 1354 et de 1494.

S'il y a lieu de lever une taille, chaque habitant du mandement doit doubler le cens d'argent qu'il a coutume de payer à son seigneur.

Les justiciables ne sont pas heureux dans leur revendication pour être exempts de la restauration du château. Ils doivent, toutes les fois qu'il est nécessaire, à leurs frais et solidairement, le mettre en état de défense, réparer « les barbacanes, les eschiffres, couredours et râteaux de bois. »

Obligation leur est aussi formulée de nouveau de recueillir et de ramasser au sommet des murailles des pierres pour les jeter du haut des fortifications contre les ennemis qui tenteraient d'escalader le château.

Ils doivent également établir des barrières convenables et en bon état de défense dans les basses-cours, réparer les anciennes et les entretenir pendant le temps qui sera nécessaire. Tout habitant doit en outre, chaque année, faire, au profit du seigneur, deux manœuvres et une boirade, les deux manœuvres au moment des moissons, la boirade immédiatement après la fête de la Toussaint. Elles doivent être faites dans le mandement, excepté toutefois à Ribains, qui cependant en fait partie; le baron d'Agrain ne peut les laisser s'accumuler ni les convertir en argent ou en une autre redevance équivalente.

Le droit de porterage est maintenu : tous les ans, le jour de la Dédicace de saint Michel, chaque homme du mandement donne à son seigneur deux *cartonnières* de seigle, mesure du Puy.

Si le nombre des habitants de la seigneurie augmente ou diminue, ce droit de porterage augmente ou diminue.

Les justiciables et le seigneur jurent la main sur les Evangiles d'être fidè'es aux clauses de cette transaction qui a lieu au château de Séjallières dans une salle voisine, le 31 janvier 1497.

En 1498, à la suite d'une tentative des manants de Ribains pour se soustraire à la taillabilité, un accord intervient entre eux et le baron d'Agrain. Les habitants de Ribains se reconnaissent taillables dans les cinq cas de droit ; ils se présentent, lorsque le fils du seigneur est armé chevalier, lorsqu'il se marie, lorsque le seigneur son père fait le voyage d'outre-mer, acquittant ainsi le vœu d'aller à Jérusalem, quand il achète une terre ou une « chevance » qui monte pour le moins à quarante francs. Le dernier se présente, lorsque le seigneur est fait prisonnier de guerre.

Dans chacun de ces cas, chaque habitant de Ribains doit payer au baron d'Agrain la redevance qu'il doit chaque année à la fête de l'Annonciation de la Sainte-Vierge.

En outre, les habitants de Ribains « doivent venir aux guetz nocturnes et diurnes en temps de guerre au château et sont tenus de corner audit château en faisant lesdits guetz. » Ils sont aussi dans l'obligation d'établir à leurs dépens au château des « barbacanes et eschiffes, et rateliers de bois aux murailles », et de ramasser des

pierres au sommet des murs pour empêcher l'escalade
du château ; et de plus, de faire des barrières et autres
défenses de basse-cour. Obligation de faire des manœuvres ; chacun en doit deux par an, une lors de la fau-
chaison des prés, l'autre à la Toussaint. Chacun doit
aussi une boirade « quand plaira au seigneur sans être
tenu aux arrérages ».

Le porterage, payable chaque année à la fête de
Saint-Michel, est d'un carton seigle pour chaque habitant (1)

En 1506, dans la recette générale de l'impôt au
diocèse du Puy, Agrain paie comme terre taillable
vingt et une livres deux sols, onze deniers (2).

Deux ans après, à la mort de Pierre de Rochefort,
écuyer, seigneur de Séjallières, le baron d'Agrain
agissant à l'égard de son vassal comme l'avaient fait
souvent pour ses ancêtres les seigneurs de Montlaur,
établit sa mainmise sur le château de Séjallières ; tous
les biens du défunt sont placés sous le séquestre et les
armes d'Agrain sont placées sur la porte du château et
au sommet du donjon.

Pierre de Saint-Haond, procureur d'Isabelle Daly, la
veuve, adresse une requête à Antoine d'Ouïdes, procureur du seigneur d'Agrain, pour obtenir main levée du

(1) Acte reçu André Alby, du 31 janvier 1498.

(2) On entendait par terre taillable ou non subsidiable les
mandements ou seigneuries dont les habitants (roturiers)
étaient exempts vis-à-vis du roi de tous aides et subsides,
mais étaient taillés à merci et volonté par leurs seigneurs
feudataires laïques, obligés envers le roi au service militaire
et tenus en conséquence à chaque convocation du ban et
de l'arrière-ban, de se présenter en chevaux et en armes
(*Médicis*, II. pp. 299, 303).

château de Séjallières. Ce dernier enlève les armes de son maître ; toutefois défense est faite à la veuve de Pierre de Rochefort d'aliéner ses biens, sous peine de cent livres tournois d'amende.

Cet acte est passé le 15 septembre 1508, à la porte du château de Séjallières, en présence de Vidal Serres, prêtre, du Moulard, Mathieu Chauchon, recteur des écoles de Rossignhols, Antoine Valette, prêtre, Vital Chancelade, de Séjallières, François Neyranal, de Vabres [1].

Guillaume Maurel et Louise de Cayres eurent de leur mariage au moins deux enfants :

1° Reymond Maurel qui, dans la transaction de 1497 que nous avons analysée plus haut, est qualifié avec son père et sa mère de seigneur en partie d'Agrain, et des châteaux et mandement des rives de Saint-Paulet et de Lespéron, en Vivarais. Rien ne nous indique qu'il ait été seigneur d'Agrain après son père, puisque nous allons voir ce dernier vendre Agrain en 1510.

2° Jean Maurel qui se fit religieux. A cette occasion, son père veut lever une taille ; les habitants du mandement la refusent et sont contraints à la payer par une sentence de la Sénéchaussée de Beaucaire et Nimes au sujet de la taillabilité.

En 1510 un contrat de vente en forme de transaction fait passer la seigneurie des mains de Guillaume Maurel aux mains de Pierre Farnier ; il lui vend en effet, le 9 janvier 1510, « la toutelle baronnie d'Agrain, consistant ès lieux de Ribains, du Villard, du Moulard, Ouïdes et autres places, cens, rentes et revenus, justice

<hr>

[1] *Livres des Contrats*, de Hugues Orvy, fol. 47.

haute, moyenne et basse sous le fief du seigneur de Montlaur, pour le prix de 6.000 livres (1).

II.

Comme les familles Orvy et Pradier, qui posséderont ensuite Agrain et dont nous parlerons longuement dans la suite de ce travail, la famille Farnier appartenait à la bonne bourgeoisie du Velay ; elle habitait Le Puy et était même alliée aux Orvy. En 1483, Pierre Farnier, qui nous occupe, avait marié une de ses fil'es, Isabelle, avec Symphorien Orvy dont le fils Antoine achètera Agrain en 1533.

Longtemps avant cet achat de 1533, nous trouvons la famille Farnier en relation avec Guillaume Maurel ; en 1501, Pierre Farnier, à deux reprises, le 1er mars et le 28 août, lui achète des « fruits » de la seigneurie et lui fait une obligation de vingt-cinq écus pour la vente de ces produits (2). Louise de Cayres ratifie ces divers actes au mois de juin 1502

Bien plus, notre riche bourgeois prête de l'argent aux membres de la puissante famille de Polignac ; en 1505, Guillaume Armand II confesse lui devoir la somme de mille livres à cause de prêt, à payer dans quatre ans, et à faute de ce », lui vend trente-cinq livres de rente en directe à l'assiette du Velay, au mandement de Solignac et aux lieux de Mussic, Chadernac, du Mazel et du Moulin de Barretz (3).

(1) Acte signé Almeras, du 9 janvier.
(2) Ces trois actes sont d'Alby, notaire.
(3) Mussic, commune de Solignac-sur-Loire ; Chadernac, commune du Brignon, canton de Solignac. Cf. *Tablettes historiques du Velay*, VII, p. 95.

Cette vente dut amener un procès entre Gautier Farnier et d'autres seigneurs. A défaut d'indications plus précises, nous en trouvons la preuve dans la note suivante insérée dans un inventaire des papiers et titres de la famille d'Agrain fait au xvie siècle.

« Les arretz et jugementz donnés tant en la court et parlement de Dauphiné qu'au parlement de Toulouse à la poursuite de Gautier Farnier de Valens contre le seigneur viscomte de Polignac et plusieurs autres y nommés par lesquelz appert que la place d'Agrain leur fust adjugée et décrétée, le tout ensemble lié en grand rolleau de parchemin en bonne forme et cotté par lettre A (1) ».

Pierre Farnier eut un fils nommé Gautier. « Receveur pour le diocèse du Puy des deniers octroyés au roy par les Etats du Languedoc en la ville de Tournon en décembre 1505 ». il reçoit, au mois de janvier 1506, « la somme de 567 livres, 16 solz, 3 deniers tournois, à luy donnée et accordée par les gens d'Eglise, nobles et diocésans du diocèse du Puy pour faire la recepte des aides, octroy. etc (2) ».

Gautier Farnier succéda à son père comme seigneur d'Agrain, en 1521 ; le 23 novembre de la même année, un accord intervient entre lui et le seigneur de Montlaur au sujet des lodz d'Agrain (3). Nous ne savons rien de plus sur lui. Ajoutons, toutefois, cette note qui nous révèle qu'à l'exemple de son père, il eut des

(1) Folio 13, n° 131.

(2) Médicis II, pages 298, 311 et 312. Voir pour d'autres membres de la famille Farnier le même ouvrage, II, pages 231, 233 et 602.

(3) Acte reçu Valentin.

difficultés avec son suzerain. « Sentence de la Cour de Nimes d'adjudication des biens donnés au profict du seigneur de Montlaur contre Gautier Farnier, seigneur d'Agrain et de ladite place d'Agrain avec les exploitz et plus aultres (titres) de la sénéchaussée de Nimes y attachés de l'an 1532, le tout cotté *Et ne nos* du *Pater* [1]. »

Agrain ne resta pas longtemps entre les mains de Gautier Farnier.

Un contrat passé entre lui et noble Antoine Orvy, bourgeois du Puy, nous apprend que Gautier donne par permutation à Antone Orvy la toutelle seigneurie d'Agrain en qu'i qu'elle consiste. En retour, Antoine Orvy donne à Gautier Farnier les rentes qu'il a au lieu de Masnier, une métairie acquise de Claude Borié et pour la plus-value la somme de 700 livres [2].

Avant de terminer notre étude historique sur les vicissitudes de la seigneurie, nous allons nous arrêter quelques instants pour éclairer les origines de cette famille Orvy dont les membres vont se succéder pendant près d'un siècle (1533-1607) avec le titre de barons d'Agrain.

[1] Inventaire des titres d'Agrain fait au xvi⁰ siècle, n⁰ 250.

[2] Acte reçu Raymond Valat et Jérôme de Rouyer de Valens, du 30 janvier 1533. Cf. Archives départementales de la Haute-Garonne. Archives judiciaires rég. 31 des arrêts du Parlement de Toulouse, 13 septembre 1538. — Burel, p. 46.

CHAPITRE TROISIÈME

Les Orvy, seigneurs d'Agrain. — Origines de la famille. —
Symphorien Orvy.—Antoine Orvy, premier baron d'Agrain.
— Gabriel Orvy. — Hugues Orvy. — Louise de Torrenc et
Claude de la Guiolle, seigneurs d'Agrain. (1607-1643.)

La famille Orvy, originaire du Velay, nous apparait
dès le XVIe siècle dans les actes de la province ; elle y
figure sous les deux noms de Chabrier et d'Orvy.

En 1342. Hugues Chabrier, *alias* Orvy, achète à
Etienne Vedeye, conseigneur de Saint-Quentin, quatre
livres de rente percevables moitié à Espaly, moitié à
Mercœur, pour le prix de huit florins d'or (1).

Dans un acte de 1358, nous trouvons Orvyne, femme
de Vital Chastel ; « les commis de l'église Cathédrale et
bailles » de l'Université lui accordent la permission de
« tenir tables pour vendre chandelles en la place et
par tout le planel de Saint-Georges, sous la censive de
quatre livres cinq sols (2) ».

Quelques années plus tard, en 1363, ce même Hugues
Chabrier prend part à une transaction avec le Chapitre
de Notre-Dame du Puy ; « il lui est bailhé licence et
permission de tenir la place appelée Saint-Georges et
d'y mettre des tables pour y vendre des chandelles de
cire et autres choses, comme bon lui semblera, despuys
la partie de maison de messire Georges de Amplepuys,
chanoine, jusques à la paroisse du seigneur vicomte de
Polignac tirant vers le portal de la ville (3). »

(1) Acte reçu Bufferne.
(2) Du même.
(3) Acte reçu Jean Chapuis, du 8 octobre 1363.

En 1377, Hugues achète un pré au terroir de Nyrando, mandement de Mercœur [1].

Il avait épousé Jeanne Vialette, qui lui survécut ; en 1415, elle passe reconnaissance d'un pré au terroir du Breul de Nyrando à la censive de deux deniers.

Enfin, en 1482, le 25 avril, Gonet Chabrier, *alias* Orvy, bourgeois du Puy, fait un testament ; entre autres dispositions il fait divers legs à ses frères, nobles Imbert, Guillaume et Pierre Chabrier [2].

Le premier Orvy que nous connaissions avec un peu plus de détails est Symphorien. Peut-être faut-il le rattacher à Gonet Orvy ?

En 1483, le 21 octobre, il épouse Isabelle Farnier, fille de Pierre Farnier [3], bourgeois du Puy, que nous avons vu acquérir la seigneurie d'Agrain en 1510.

Longtemps après, en 1516, nous trouvons Symphorien Orvy en relations avec noble Pierre Ailhot, seigneur de la Valette, auquel il achète, le 11 septembre, un pré appelé *La Combe*, au terroir de la Valette, de la contenance de trois journaux [4]. Quatre ans après, le 12 avril 1520, il achète encore au même la moitié de la métairie de la Valette [5]. Le 18 octobre de la même année, il acquiert des tuteurs du vicomte de Polignac « les revives des prés de la Valette » pour la somme de douze deniers [6]. Enfin, le 19 mars 1533, l'année même où Gautier Farnier, fils de son beau-père, achète

---

[1] Acte reçu Jean Rayasse, du 25 mai 1377.
[2] *Arch. dép. de la Haute-Loire*, f. Evêché, 5, 16, fol. 1.
[3] Acte reçu Dessage.
[4] Acte reçu Roure.
[5] Acte reçu Domnin.
[6] Acte reçu Chandenier.

Agrain, il vend à Jean Chazaux, de Marcillac et à Pierre Besson, de la Valette, deux champs, l'un appelé *La Peyrouze* et l'autre l'*Espinasson* [1].

De son mariage avec Isabelle Farnier, Symphorien Orvy eut plusieurs enfants :

1° Clauda Orvy, qui épousa Jean Bouyol ; nous ignorons à quelle date ; en tout cas, antérieurement à 1527 [2] ;

2° Jeanne Orvy, qui épousa Bernard Margue avant l'année 1522 [3] ;

3° Antoine Orvy qui suivra et qui le premier de son nom, en vertu de l'achat de 1533, prendra le titre de seigneur et baron d'Agrain.

Ces quelques indications sur les Chabrier, *alias* Orvy, ancêtres de Symphorien Orvy, père d'Antoine Orvy, le premier baron d'Agrain de ce nom, nous permettent de comprendre combien est justifiée la remarque de Médicis, cet autre bourgeois du Puy, qui compte dans la ville « huit maisons de bourgeoisie de bonne ancienneté parmi lesquelles Antoine Orvy, baron d'Agrain, consul [4].

C'est surtout au Puy que vit Antoine ; il y habite une maison, située rue de la Courrerie [5]. L'isolement du château d'Agrain, les facilités et les agréments de la vie réunis dans la capitale du Velay, les fonctions consulaires qui l'obligent à prendre part à l'administration de la cité, tout le retient au Puy.

[1] Acte reçu Nicolas Hugon.
[2] Acte reçu Gabriel Pradier.
[3] Acte reçu Domnin.
[4] Médicis II, p. 227.
[5] *Annuaire de la Haute-Loire*, 1875, p. 480.

Il en sera de même pour son fils et ses autres descendants.

Le 30 juin 1522. Antoine Orvy épouse Marguerite Brun. L'avant-veille de son mariage, il passe une transaction avec Bernard Margue, époux de sa sœur Jeanne Orvy, au sujet du supplément de légitime de cette dernière.

En 1533, il achète Agrain de Gautier Farnier de Valens pour la somme de sept mille écus.

Nous connaissons d'Antoine Orvy un certain nombre d'autres transactions ; nous allons indiquer les principales.

Le 23 avril 1534, Jean d'Ouïdes lui passe achat d'un champ appelé *de la Croix* et d'un pré contenant trois charretées de foin (1).

En 1535, il donne en nouvelle accense à Firmin Brun, de Jagonnas « l'*eau de Ribains* » pour la conduire au pré appelé *Le Chambon*, à la censive de deux sols, et entrées de huit livres (2).

L'année suivante, le 31 décembre, Antoine Orvy fait un échange avec François du Lac ; ce dernier cède un pré situé sur Ouïdes, appelé *de la Font* ; Antoine lui donne en retour un jardin et un colombier situés en dehors de la ville du Puy.

Deux ans après, le 5 avril, le vicomte de Polignac permet à Antoine Orvy de faire paître son bétail dans la juridiction de Saint-Paulien (3).

La même année, transaction du seigneur d'Agrain

____

(1) Acte reçu André Haond.

(2) Du même, 28 septembre.

(3) Acte reçu de la Farge. — Saint-Paulien, chef-lieu de canton, Haute-Loire.

avec Gautier Farnier au sujet de difficultés survenues
à la suite de l'achat de 1533 ; Gautier, moyennant la
somme déclarée en la transaction, « se démet de la
possession qu'il avait prise de la place d'Agrain, profits
et revenus d'icelle, et quitte le dit Orvy et Marguerite
Brun tant de tout le prix principal de l'acquisition de
ladite place d'Agrain que de tous despens, dommages et
intérêts desdites instances et procès, et lesdits seigneurs mariés quittent ledit Farnier de tous les titres
qu'ils pourront demander [1]. »

Au titre de baron d'Agrain, Antoine joint en 1543
celui de seigneur de Séjallières en partie ; le 26 janvier,
il achète de Louise Trancharde, du Brignon [2], stipulant seule « six livres de rante à l'assiette de Séjallières, consistant en deniers et denrées diverses levables
et percevables audit lieu de Séjallières, au prix de trois
cents livres ». L'acte de vente a lieu au Puy ; Louise,
ainsi qu'on le voit fréquemment dans les ventes de
cette époque, « s'est dépouillée de la rante sus vendue
par le baille de la plume du notaire, de sa propre main
la baillant audit Orvy [3].

L'année suivante, le 16 août, François de Soleilhan,
ratifie la vente faite par sa femme ; puis, après avoir
prêté serment, il se rétracte et révoque l'acte qu'il
vient d'accomplir. Sur ces entrefaites meurt Antoine
Orvy ; sa veuve réclame l'acte de vente et de ratifica-
tion ; le 18 août 1545, elle fait commandement à Louise
Trancharde de lui remettre ces pièces « à la peine de

[1] Acte reçu Royer, 16 novembre 1538.
[2] Canton de Solignac, Haute-Loire.
[3] Cf. Terrier de Séjallières, reçu Digonnet en 1776 ; il
donne une copie de cet acte.

vingt-cinq marcs d'argent ». Un procès commence en
la sénéchaussée de Beaucaire et Nîmes ; il dut traîner
en longueur car nous voyons en 1561 seulement,
Louise Trancharde devenue veuve à son tour et Guillaume de Soleilhan son fils traiter avec l'héritier
d'Antoine Orvy. La transaction a lieu au Puy, en la
maison de Gabriel Orvy, le 10 avril 1561. Gabriel remet
à Louise Trancharde la somme de soixante cinq livres
en escus et il jouit sans difficulté de la rente achetée
dix-huit ans auparavant par son père.

En 1543, Antoine fait faire un terrier de la baronnie
d'Agrain par Martin notaire royal à Alleyras ; il est
en français et contient 591 feuillets. Nous y voyons que
les possessions du seigneur d'Agrain s'étendent sur les
paroisses de Saint-Jean-Lachalm, Alleyras, Saint-Haon
et le Bouchet Saint-Nicolas. Les censitaires sont plus
nombreux à Sanssac, Alleyras, Ouïdes, le Bouchet,
qu'aux villages et lieux dits de Sanssaguet, du Villard,
du Moulard, du Prunet, du Pont de Vabres, Séjallières,
Arzac, Rossignol, Gratuze, La Remigère, Trespeux,
Genestouze, le Cros, Anglard et Mazamblard.

A cette série de transactions qui nous révèlent dans
Antoine Orvy un propriétaire actif et soucieux de ses
biens, nous pouvons ajouter quelques faits concernant
sa vie publique ; ils nous font voir en lui un homme
plein d'intégrité et qui mérita d'être honoré de l'estime
de ses concitoyens.

Il est consul en 1526 (1) ; en 1539 honoré de la même
charge, il donne soixante livres tournois pour le clos
Saint-Sébastien ou hôpital des pestiférés (2).

(1) Médicis, II, p. 200.
(2) Ibidem, p. 209.

La même année, de concert avec les autres consuls,
il fait paver le sol de la chapelle Saint-Sébastien des pestiférés ; une cloche de quatre-vingts livres est baptisée
le 8 décembre, tous les consuls en sont parrains et particulièrement le sieur Antoine Orvy, « qui s'y porta
pour tous (1) ».

Cette même année encore, son assistance à des pré-
dications luthériennes, lui amène de graves désagré-
ments ; suspecté d'être favorable aux doctrines nouvelles pour avoir assisté aux sermons d'Antoine Arcis,
prêtre séculier de Picardie, il est obligé, avec quelques
autres personnages marquants de la ville, d'aller se
justifier à Toulouse. « Examiné et ne se trouvant être
coupable en rien touchant l'affaire de ce prêcheur,
mais étant connu comme homme de droite et renom-
mée vie, il fut dépesché et renvoyé en sa maison (2). »

Antoine Orvy fit son testament le 15 octobre 1542 (3)
et mourut au commencement de l'année 1545. L'inventaire de ses biens « en 25 pièces et parties » est daté
du 12 février 1545. Main levée en est donnée « en la
cour commune » à sa veuve le 21 novembre 1545 (4).

Marguerite Brun eut de son mariage avec Antoine
Orvy plusieurs enfants ; voici ceux que nous connaissons :

1° *Jeanne* Orvy, qui épouse, le 22 mai 1539, Jean
Roux, de Langeac.

2° *Antoinette* Orvy, qui, le 9 janvier 1542, épouse
Simon Pimodon, seigneur de la Chastres.

(1) Médicis, II, p. 227.
(2) Médicis, I, p. 387.
(3) Acte reçu Margue.
(4) Actes reçus Boyde.

3° *Isabelle* Orvy, qui se maria, le 28 septembre 1551, avec Jérôme Rosier de Feurs ;

4° *Gabriel* Orvy qui suivra. Héritier universel de son père, il épouse, le 10 février 1552, Louise de Torrenc, et succède à Antoine Orvy, dans la possession de la baronnie d'Agrain.

Un des premiers devoirs qu'eut à remplir Marguerite Brun fut de rendre hommage à son suzerain pour sa baronnie d'Agrain. Le seigneur de Montlaur était à ce moment Jean de Vésc, chevalier, qui, au titre de baron de Montlaur joignait ceux de seigneur de Grimaut, de Montbonnet [1], Mirmande et autres lieux. Cet hommage eut lieu au château de Montbonnet et fut reçu par Simon Valentin, notaire royal de Montpezat, en Vivarais [2].

Marguerite reconnaît tenir en fief franc et noble des seigneurs de Montlaur le château et le mandement d'Agrain en justice haute, moyenne et basse avec tous droits seigneuriaux. Ce mandement comprend les villages de Ribains, du Villard, de Sanssac, du Moulard, *alias* Lazas, la métairie de la Fage, les hommes du Prunet « faisant pour un » en raison de la métairie de Billhon, Genestouze, une partie de la Remigère avec d'autres lieux, bois et propriétés.

Elle fait de plus hommage pour la justice haute d'Ouïdes et pour ce que possèdent dans ce village François du Lac et Jean Parand dit Ligieux, du Puy. La justice moyenne et basse d'Ouïdes appartient à Jean Parand.

Elle reconnaît tenir en arrière-fief le château et

<hr>

[1] Commune de Bains, canton de Cayres.
[2] Chef-lieu de canton (Ardèche).

village de Séjallières avec justice haute, moyenne et
basse, ainsi que divers cens et rentes possédés par
Antoine de Rochefort en vertu de l'achat fait à François
de Soleilhan et à Louise Trancharde.

Elle fait aussi hommage pour Gratuze où elle a
justice haute, moyenne et basse ; — Gratuze est alors
possédé par François du Lac, du Puy ; — pour la mai-
tairie noble de Vabrètes les jeunes, possédée par Louis
de Vergezac ; — pour le village de Sanssaguet, avec
toute justice, possédé par Charles de la Rodde ; — pour
le village de Seysel avec ses appartenances ; — pour
une rente qu'elle prend à Alleyras.

La veuve d'Antoine Orvy reconnait que le château
d'Agrain est un fief rendable au seigneur de Montlaur
et à sa seule réquisition.

Elle fait, en outre, hommage pour les cens annuels
qu'elle prend dans le mandement de Montbonnet et
dont elle a hérité de Pierre Girard et de Catherine
Codèche ; elle perçoit ces cens à Montbonnet, Pigeyres,
aux Bineyres (1), au Fayt et à Bannes.

Il s'agit ici de l'hommage-lige ; la veuve d'Antoine
Orvy le rend « estant debout ses mains joinctes mises
entre les mains dudit seigneur luy baisant la joue en
signe de fidélité, mettant ses deux mains sur les saincts
Evangiles et promettant avec serment audit seigneur de
luy estre bonne et féale vassale. » Parmi les témoins de
cet acte, nous voyons figurer Gabriel Davignon, seigneur
du Monteil, et Christophe d'Alzon, évêque de Troyes.

La même année, le 27 octobre, Gabriel Orvy achète
divers cens et rentes percevables aux lieux de La Va-

____

(1) Ces divers lieux sont situés près de Bains, canton de
Solignac (Haute-Loire).

lette, Marcillac et Borne (1). Le seigneur vicomte de Polignac en donne « investizou » à sa mère Marguerite Brun, le 31 octobre (2).

Cette même année, 1548, Marguerite fait faire le terrier des rentes qu'elle perçoit à Coharraze, au Mont et autres lieux Ce terrier « de papier en grand volume contient trente-neuf pièces d'écriture (3) ».

L'année suivante, 1549, Gabriel Orvy fait faire, en son nom propre, le terrier des rentes de La Valette ; ce terrier « en français, en papier de grand volume contient vingt-neuf pièces écriture (4). »

Le 21 janvier 1550, pour le prix de neuf livres, Marguerite Brun achète de Vidal Robert sa portion d'une maison à La Valette et quelques terres situées au même lieu (5). Le 28 septembre de l'année suivante elle marie une de ses filles, Isabelle, avec Jérôme Rozier, de Feurs (6), et le 10 février de l'année 1552, son fils Gabriel avec Louise de Torrène (7) ; elle teste enfin le 4 juin 1575 (8).

A partir de l'année du mariage de son fils, nous laisserons de côté Marguerite Brun pour ne nous occuper désormais que du jeune baron d'Agrain. L'année qui suit son mariage, il achète le greffe de la sénéchaussée du Puy moyennant la somme de 7500 livres (9).

(1) Acte reçu Mathieu Aleilh.
(2) Acte reçu Marcon.
(3) Acte reçu Aleilh.
(4) Acte reçu Chabron.
(5) Acte reçu par copie Achard.
(6) Acte reçu Margue.
(7) Acte reçu Daurier.
(8) Acte reçu Royer.
(9) *Mémoires de Jacmon*, bourgeois du Puy, p. 5.

Le 1ᵉʳ décembre de cette même année, il passe une nouvelle accense à Guillaume Richard, d'Ouïdes, de deux champs situés à Ouïdes, l'un appelé de la Font, l'autre de la Croix, aux entrées de quinze livres et à la censive de huit cartons seigle, mesure d'Agrain (1).

Cinq ans après, le 3 mars 1558, il achète du même Jean d'Ouïdes treize cartons seigle, mesure droite, sur un champ situé à Ouïdes appelé du Four, contenant vingt-quatre cartonnées de terre pour le prix de cinquante-cinq livres treize sols six deniers (2).

Depuis cette époque jusqu'à sa mort, Gabriel Orvy fait de nombreuses transactions, soit achats, soit ventes, particulièrement aux environs d'Agrain, à Alleyras, à Séjallières, Ouïdes, La Valette, etc.; nous nous contenterons de signaler les plus importantes ou les plus intéressantes.

En 1561, il termine par un arrangement amiable, ainsi que nous l'avons vu plus haut, des difficultés longtemps pendantes avec Louise Trancharde et son fils Guillaume de Soleilhan.

En 1569, il achète certaines rentes du temporel de l'église Saint-Georges de Saint-Paulien, situées à Rochelemagne et à Chanceaux pour le prix de trente livres (3); en 1572, il acquiert de noble François de la Rochelambert un champ au territoire de La Valette « sous ladite roche (4). »

Une transaction de l'année suivante passée avec les habitants de Ribains nous fait voir que ces derniers

(1) Acte reçu Jean Margue,
(2) Du même.
(3) Acte reçu Cheyrol, du 12 mars 1569.
(4) Du même, le 16 avril 1572.

reconnaissent tous les droits du baron d'Agrain, celui de justice compris, sous la censive de cinq sols et vingt-quatre ras de blé.

Le 6 octobre 1579, il achète du vicomte de Polignac la justice haute, moyenne et basse de La Valette, un carton de blé et neuf sols d'argent (1).

La même année, le 27 octobre, il rend hommage à Antoine de Sénectère, évêque du Puy, pour des cens, rentes et revenus qu'il a acquis de Colette Simarde et de Jean Alvéras, dans les villages de Cayres, Rivets et leurs dépendances sur les habitants nommés dans l'acte (2).

Enfin le 8 avril 1588, Gabriel achète de Messire Jean Pouderoux, prêtre et prieur de Saint-Martin-d'Alleyras, les censives et rentes que celui-ci prend, savoir : à Alleyras, treize cartons et demi, un boisseau et demi de froment, trente cartons demi et demi-tiers de seigle, vingt-neuf ras et un boisseau avoine, argent vingt-six sols neuf deniers, gélines, boirades huit, au prix de cent quatre-vingt-deux écus quatorze sols. Le prieur d'Alleyras cède à l'acheteur les papiers, terriers, lièves et autres titres concernant ces rentes (3).

Les soucis et préoccupations d'ordre public n'empêchent pas Gabriel Orvy de prendre part à la vie religieuse de la cité. Au commencement de l'année 1584, Antoine de Sénectère, évêque du Puy, établit dans la

(1) Acte reçu Vianes, du 6 octobre 1579.

(2) A. Lascombe, *Répertoire des Hommages de l'Evêché du Puy* p. 125.

(3) L'acte est signé des commissaires et de Royet. Cf. *Archives départ. de la Haute-Loire*, f. du Séminaire. 354 ; *Tablettes historiques du Velay*, VI, p. 304.

ville une confrérie de pénitents blancs; Gabriel fait
partie des premiers membres et il compte parmi les
plus assidus. Ils se réunissent d'abord à l'église Saint-
Pierre-le-Vieux; leur nombre s'accroit bientôt au point
que la chapelle de leurs réunions devient insuffisante.
La dame d'Allègre leur donne alors une ancienne maison dont ils se font une chapelle; l'aménagement de
ce lieu de réunion est dirigé par Gabriel Orvy et par
Gabriel Ranquet, sieur de Mauriac (1).

Le 3 décembre 1588, le château d'Agrain est pris
par Antoine de la Garde, seigneur du Bouchet, dit le
cadet de Chambonas, capitaine protestant; de là, il fait
des incursions dans le pays. Chaste, sénéchal du Puy,
veut essayer de reprendre le château, mais il met en
vain le siège devant Agrain et ne pouvant l'emporter
de vive force, il reçoit à composition Chambonas qui
exige mille écus pour l'évacuer. Cette somme lui est
comptée (2).

Sur la fin du xvie siècle, la ville du Puy est profon-
dément bouleversée par les guerres religieuses et les
troubles de la Ligue. Deux partis divisaient alors la
cité : « Les uns étaient imperturbablement attachés au
parti de la Ligue, les autres appelés Politiques
étaient dévoués au roi ; et tout sentiment était sacrifié
à l'esprit de parti; les parents, les voisins se mécon-
naissaient (3). » Saint-Vidal, ardent ligueur, nommé
gouverneur du pays, fait jurer aux habitants du Puy la
sainte union. A l'exemple des ligueurs de Paris et de
Toulouse, ceux-ci choisissent vingt-quatre d'entre eux et

(1) Arnaud, *Histoire du Velay*, 1, p. 411. — Burel, p. 86.
(2) Arnaud, ouvrage cité, 1, p. 437. — Burel, p. 111.
(3) Arnaud, I, p. 456.

les chargent du gouvernement de la cité. Les rixes fréquentes entre ligueurs et politiques, ainsi que l'excitation des esprits font craindre à Antoine de Sénectère, évêque du Puy, d'être insulté ou de courir même des périls plus sérieux. Il sort de la ville, se retire dans son château d'Espaly, le fait fortifier et y demeure avec une garnison [1].

Ce château va bientôt servir de refuge aux principaux politiques de la ville, à la suite d'un événement que raconte en ces termes l'historien du Velay :

« L'évêque du Puy et la vicomtesse de Polignac, femme de Chaste, tinrent sur les fonts de baptême, à l'église de Saint-Marcel, le 23 de juillet, un enfant du sieur de Chadrac ; il y eut un festin à cette occasion à Espaly, où se trouvèrent plusieurs habitants du Puy. Les nièces de l'évêque qui couchaient au palais épiscopal, le château d'Espaly n'étant pas encore meublé, quoique ce prélat y fût retiré, rentrèrent le soir au Puy, accompagnées du sieur de Jalasset, regardé par les ligueurs comme politique et dangereux pour la sûreté de la ville Ceux-ci coururent aux armes, firent d'inutiles recherches, soit au palais épiscopal, soit au doyenné pour le découvrir et le chasser. S'imaginant que le vrai motif de son entrée dans la ville était afin de diriger les efforts des politiques pour en seconder la surprise, il fut arrêté qu'on serait toute la nuit sur ses gardes. Malgré cette précaution, les esprits ne se calmèrent pas. Des menaces furent faites aux politiques. Ceux-ci qui habitaient en plus grand nombre à la rue de la Saunerie et à celle de la Chénebouterie, armés d'ar-

<hr>

[1] Arnaud, I, p. 459.

quebuses. de pistolets et de hallebardes, songèrent à se
défendre, firent des barricades et des tranchées, et pour
repousser les ligueurs assaillants, tirèrent quelques
coups qui en blessèrent deux. Ces derniers firent de
leur côté des barricades et des tranchées ; le tumulte
dura toute la nuit. Le jour suivant, le Conseil général
ayant été assemblé, il fut délibéré qu'il serait fait une
procession en action de grâces de ce que le désordre de
la veille n'avait pas eu de plus fâcheuses suites. Les
officiers de justice informèrent contre les politiques et
en firent arrêter plusieurs. Les ligueurs désarmèrent
les habitants de la rue de la Saunerie et ils obligèrent
Gabriel d'Orvy, sieur d'Agrain et premier consul, ainsi
que son fils qui était capitaine général, à sortir de la
ville, comme prévenus d'être attachés au parti des politiques et d'avoir pris part au mouvement tumultueux de
la nuit précédente. Ils se retirèrent à Espaly auprès de
l'évêque, où se réfugièrent ensuite plusieurs autres habitants des rues de la Saunerie et de la Chénebouterie (1).

Non contents de s'être débarrassés des politiques, les
Ligueurs du Puy convoitent leur fortune. Un arrêt du
Parlement de Toulouse qui ordonne que le produit de
leurs biens soit affecté au paiement des frais de la
guerre est publié par tous les carrefours de la ville, le
15 décembre 1589. Cet arrêt reçoit son exécution au
mois de janvier 1590. Après inventaire, a lieu la vente
aux enchères « à la place publique du Plot », par deux
notaires royaux, Gaspard Davignon et un huissier que
les consuls avaient nommés commissaires. La vente
commença le 21 janvier et dura plus de deux mois ; elle

(1) Arnaud, I, p. 461, 462. — de Vinols, p. 166. — Burel,
118, 151, 161.

fut continuée jusqu'à ce que le produit s'éleva à la somme à laquelle chacun d'eux avait été cotisé ! Les meubles de Gabriel d'Orvy, sieur d'Agrain, ancien premier consul, qui l'avait été à trois mille écus, furent vendus les premiers, ensuite ceux de l'Evêque du Puy (1) ».

Cependant les rencontres étaient fréquentes entre les ligueurs du Puy et les garnisons politiques d'Espaly et de Polignac. Dans la nuit du 9 février 1590, ces deux dernières détruisent plusieurs moulins situés près du couvent des Jacobins et dans le quartier Saint-Barthélemy. « Irrités de cette expédition, les ligueurs du Puy, dès que le jour parut, ruinèrent la maison, le colombier et les murs de clôture des prairies que d'Orvy, sieur d'Agrain, réfugié avec son fils à Espaly, possédait au faubourg Saint-Jean, ainsi qu'une autre maison et un jardin qu'il avait près de la porte Saint-Gilles; enfin ils coupèrent et pillèrent tous les arbres plantés, au nombre de plus de six mille, dans les prairies de cet ancien premier consul (2). »

Gabriel Orvy eut de son mariage avec Louise de Torrenc de nombreux enfants : voici leurs noms :

1° *Marguerite Orvy* : elle épousa Gaspard Davignon, seigneur du Monteil. Le 27 mars 1583, ce dernier donne à Gabriel Orvy quittance de la dot de sa femme ; dans cette quittance nous voyons inscrits soixante écus pour achat de bagues. Marguerite d'Orvy eut de son mariage, avec Gaspard d'Avignon, au moins un fils, Hugues d'Avignon, auteur du poème *La Velleyade;*

---

(1) Arnaud I, p. 480 ; Burel, p. 179, dit que cette vente eut lieu en la place publique de la Bédoire.

(2) Arnaud, I, pp. 485-486.

2° *Antoinette Orvy;* elle épousa, le 5 août 1577 [1], Guillaume du Bourbail, dit de Chouzinet, seigneur du Mas, qui, le 25 mai 1580, signe une quittance en faveur du baron d'Agrain, probablement pour la dot de sa femme ;

3° *Catherine* Orvy qui épousa Georges Pradier, avocat, docteur ès-droits, père de Hugues Pradier qui achètera la seigneurie d'Agrain, en 1643. Par son testament du 15 avril 1607, Gabriel Orvy donne à Catherine ainsi qu'à chacune de ses autres filles la somme de cinquante livres ;

4° *Hélène* Orvy qui épousa Guillaume de la Faye ;

5° *Louise* Orvy qui se maria à Claude de la Guiolle qui suivra ;

6° *Hélie* de Licques, sœur utérine des précédentes, née du premier mariage de Louise Torrenc avec Guillaume de Licques. Elle épousa noble Hugues de Coubladour qui, le 7 août 1573, donne quittance à Gabriel Orvy et à Louise de Torrenc, de la somme de six cent vingt-cinq livres [2] ;

7° *Hugues* Orvy qui suit et succède à son père dans la possession de la seigneurie d'Agrain ;

8° *Gabriel* Orvy, religieux de l'ordre des Célestins.

Parmi tous les Orvy de ce siècle il en est un dont le nom a survécu et se rencontre fréquemment dans les écrivains qui se sont occupés de l'histoire du Velay. Le portrait de ce royaliste énergique qui périt victime de son dévouement à la cause qu'il servait, mérite d'être tracé. Fils de Claude Orvy et de Madeleine Davignon il épousa Louise Spert, fille de Jean Spert, seigneur de

[1] Contrat signé Roger.
[2] Acte reçu Royet.

Volhac et de Marie de Torrenc, par contrat passé le 9 janvier 1575.

A la prise d'Espaly-Saint-Marcel par un corps de Ligueurs, le 31 juillet 1591, Louise se distingue par son dévouement à soigner les blessés. « Elle porte avec ses compagnes, Mlles de Fillère et de Gratuze, confitures et à boire au camp ; les blessés mis en plusieurs maisons de cette ville sont couchés sur des lits de plumes ; on pourvoit à tous leurs besoins [1].

L'événement suivant nous ramène à des pensées plus calmes ; agréable repos d'un instant au milieu de toutes ces luttes civiles et religieuses. Le premier mars 1593, a lieu au Puy la représentation de l'histoire du mauvais riche avec quatre-vingts personnages. A cette représentation assistent les enfants de la vicomtesse de Polignac et de Chattes (*alias* Chaste). Par accident le théâtre tombe et le reste de la pièce est renvoyé au lendemain, les enfants sont logés chez M. Orvy, en Pannessac [2]. »

L'année suivante est marquée par la ruine du parti des politiques ou royalistes au Puy.

Le château d'Agrain possédé par Hugues Orvy, est pris vers la fin de septembre, par le capitaine Durand Ranquet, qui commande pour la Ligue au château de Montbonnet [3].

Quelques jours après, au commencement du mois d'octobre, les royalistes veulent tenter un grand coup et s'emparer du Puy en se ménageant des intelligences dans la ville. Parmi les auteurs de ce complot, nous trouvons le vicomte de Polignac et Flurien Orvy ; conçu

[1] Burel, p. 289. — Arnaud, I, pp. 517-518.
[2] Burel, p. 343.
[3] Burel, p. 386. — Arnaud, II, p. 24.

par les politiques, ce projet fut à la fois préparé à Polignac et au Puy.

Le jeudi, 14 octobre, Flurien vient à Polignac, accompagné d'autres royalistes, pour s'entendre avec le vicomte de Polignac ; il couche au château la nuit du 14 et après avoir promis d'ouvrir les portes de la ville, il rentre au Puy afin de tout préparer pour l'exécution. En même temps, on se concerte au Puy ; les politiques se réunissent dans plusieurs maisons amies, en particulier dans celle de Flurien Orvy, ancien capitaine général du Puy, rue Pannessac.

Le complot semble vouloir réussir ; plus de cinq cents habitants sont disposés à seconder les royalistes. « Quatre cents hommes postés au faubourg du Breuil, dans l'hôtellerie de Gibellin, doivent se présenter du dehors à la porte Saint-Gilles. La sentinelle posée sur la tour et qui est du secret, doit donner cinq coups de cloche ; ceux des habitants qui ont promis leur concours s'empareront de la porte et introduiront les assaillants dans la ville ; le signe de ralliement des quatre cents hommes embusqués au faubourg du Breuil ou Saint-Gilles est pour l'infanterie, la cocarde blanche, et pour les hommes d'armes, l'écharpe de même couleur : une fois introduits dans la ville, les conjurés doivent faire entendre les cris de : Vive la paix et Vierge Marie, et point de citadelle. »

Dans la journée du 16 octobre, une femme qui vient d'apprendre le complot, avertit en toute hâte François Colomb, avocat et premier consul. Celui-ci fait informer Lestrange qui commande pour la Ligue, au Puy. Voici comment l'exécution du complot est racontée par Arnaud : « Lestrange étant instruit de tous ces détails fit prendre les armes à sa troupe, ordonna que les habitants éclairassent les rues, et recommanda à ceux qui étaient de garde sur les murailles de ne rien faire connaître au dehors, et de feindre de ne s'apercevoir de rien, quelque chose qu'ils entendissent, ou quoiqu'on abordât les fossés. Il se disposa ensuite à faire une sortie à la tête de sa cavalerie et de son infanterie. Le jour ayant paru et l'heure à laquelle on avait coutume d'ouvrir la porte étant venue, Lestrange fit avancer sa troupe jusqu'à la herse ou barrière. Ayant ensuite voulu aller avec Jean Barthélemy, marchand tanneur et ancien premier consul du Puy, reconnaître les assaillants, celui-ci fut tué par Louis de Saint-Pol, sieur de Vaux, à la tête des royalistes qui se jetèrent, tête baissée, jusqu'à la porte intérieure. Mais, au moment où ils allaient s'en emparer, Vaux fut tué et la troupe de Lestrange fondit sur eux si impétueusement qu'ils prirent la fuite laissant par les chemins armes et bagages (1) ».

Un grand nombre de royalistes furent tués, en particulier Chaste, sénéchal du Puy et lieutenant du roi pour le Velay ; depuis le faubourg Saint-Gilles jusqu'au pré appelé *La Chaumazelle*, situé au-dessus du couvent des Cordeliers on compta cent trente-neuf cadavres de royalistes.

Certains conjurés réussirent à se sauver, entre autres le sieur de Soubeyran qui, le 14 octobre, avait fait en compagnie de Flurien Orvy, le voyage de Polignac pour se concerter avec Chaste, sur les préparatifs du complot.

Un grand nombre fut fait prisonnier soit dans la ville avant la tentative, soit dans la rencontre qui eut lieu à la porte Saint-Gilles. Flurien Orvy ne put pas même contribuer à l'exécution du complot qu'il avait

(1) Arnaud, II, p. 24.

préparé, arrêté dans sa maison quelques heures après la révélation du complot, il fut trouvé porteur d'une liste de cinq cent soixante-six habitants de la ville qui avaient promis leur appui. « Les ligueurs cotisèrent ceux qui y étaient portés, à une quantité déterminée de cuivre pour faire de la monnaie et deux commissaires furent chargés d'en faire la recette. Orvy fut taxé à dix quintaux (1).

Cette première mesure de répression n'empêcha pas les Ligueurs de faire le procès des prisonniers des 16 et 17 octobre. Dans son interrogatoire, Flurien Orvy, déclara « qu'il était allé quelques jours avant le 16 d'octobre avec le sieur de Soubeyran, coucher à Polignac, que l'exécution du projet de surprise de la ville y avait été concertée ; qu'au jour indiqué, le sieur de Soubeyran, le consul Libot, revêtu de sa robe consulaire et lui devaient se trouver à l'ouverture de la porte Saint-Gilles et s'en emparer ainsi que du pont-levis ; que le sieur de Chaste lui avait promis que ce ne serait pas lui, mais le sieur de Chalencon qui se présenterait à la tête de la noblesse devant la ville, d'après la réflexion dont il lui avait fait part, que ses habitants l'ayant en haine, sa présence pourrait exciter un grand tumulte; que ce sénéchal lui avait promis en même temps qu'il ne serait commis aucun meurtre ; que le sieur de Gratuze devait occuper la place du Plot avec les habitants assemblés dans sa maison ; enfin, que le sieur de Soubeyran se serait avancé à la tête d'autres habitants par la rue Pannessac, vers la place du Martouret et assisté d'un des consuls, se serait emparé du corps de garde et de l'artillerie (2). »

(1) Arnaud, II, p. 29, 30.
(2) Arnaud II, p. 31-32.

Il n'en fallait pas tant pour établir la complicité de Flurien Orvy et faire voir à ses juges la part considérable qu'il avait prise à la préparation du complot et comment il aurait contribué à son exécution, s'il n'avait pas été arrêté chez lui quelques heures auparavant. Ses biens furent confisqués et il fut condamné à mort le 22 octobre. Le lendemain, après avoir fait amende honorable, il fut pendu, en même temps que son beau-père, Jean Spert, sieur de Volhac.

Louise Spert perdait le même jour son père et son mari (1); elle n'eut pas même la triste consolation de prendre leur deuil. Défense fut faite aux veuves des suppliciés « d'entrer dans les églises comme étant excommuniées et de porter le deuil de leurs maris. » Elles se pourvurent devant le Parlement de Toulouse qui, vers la fin du mois de février suivant, les autorisa à prendre des vêtements de deuil (2).

A l'avènement de Henri IV, les Royalistes rentrèrent en possession de leurs biens et leurs parents morts pour la cause royale furent réhabilités. Sur la demande des Etats du Velay à laquelle Henri IV répondit favorablement par lettres patentes données à Amiens le 13 août 1596, le château de Montbonnet fut rendu au seigneur de Montlaur, suzerain du baron d'Agrain. celui d'Agrain restitué à Hugues Orvy et celui du Bouchet-Saint-Nicolas, situé dans le voisinage, à l'abbé de la Chaise-Dieu (3).

(1) Arnaud, II, p. 39 ; Burel, p. 413.

(2) Nous avons suivi pour tout ce récit de la tentative des Royalistes contre Le Puy, Arnaud, Burel et de Vinols. Voir Arnaud, spécialement, pp. 26, 31 et 39, et Burel, p. 343, 388, 389, 393, 405, 413 ; de Vinols, *Guerres de Religion*, ch. IX.

(3) Burel, p. 455 ; Arnaud, II, p. 63-64.

Il est tout naturel de voir Henri IV et Marguerite de Valois se montrer pleins de bienveillance pour ceux qui avaient combattu et souffert en faveur de la cause royale. Si nous en croyons Burel, Louise Spert de Volhac, eut des rapports avec la reine de France. Un choriste de la Cathédrale du Puy, maître de musique des enfants de chœur de cette église, sut plaire par ses talents à Marguerite de Valois, retirée au château d'Usson, en Auvergne. A sa sollicitation, par acte passé le 9 septembre 1599, elle fonde pour son secrétaire Claude François, sieur de Pominy et de Grèzes. une messe à huit heures du matin dans l'église Notre-Dame du Puy et donne pour l'acquit de cette fondation quatre cents écus tous les ans. Louise Spert est au commencement chargée de verser l'argent de cette fondation (1).

Après la mort de son père. Hugues Orvy porta le titre de baron d'Agrain Voici quelques renseignements que nous avons pu trouver sur lui.

Au mois d'octobre 1598, il figure sur une liste de vingt-quatre notables dressée par le roi et parmi lesquels les habitants du Puy doivent choisir les six consuls de l'année suivante. Il ne fut pas élu (2).

Au mois d'octobre de l'année 1599, Louis des Goys, seigneur du Prunet. coseigneur de Séjallières et Sanssac. seigneur de Fougeyrolles. paroisse d'Entraygues en Vivarais, achète d'Antoine de Cremeaux et de sa femme Françoise du Prunet. une maison avec ses cens, revenus. dépendances, située à Séjallières. Hugues Orvy investit l'acheteur moyennant le paiement de cinq écus en lui faisant remise d'une partie des

(1) Arnaud II, p. 81 ; Burel, p. 481.
(2) Arnaud II, p. 75, 411.

lods ; toutefois Louis des Goys est tenu à l'hommage envers le baron d'Agrain, toutes les fois que ce dernier le demandera (1).

Hugues Orvy tomba malade au commencement du mois d'avril 1607. Le bruit se répandit au Puy qu'il était atteint de maladie contagieuse. Louise de Torrenc, sa mère, s'oppose à ce que le notaire entre près de lui. Sur ces entrefaites, il reçoit la visite de Jacques de Serres, évêque du Puy, accompagné de François Colomb, juge en la cour commune et de M. de Vertamy, chanoine de Notre-Dame. Le Prélat déclare qu'il vaut mieux pour l'honneur du malade, qu'il décède *ab intestat*. Le notaire, se rendant à la volonté du mourant, entre dans sa chambre où se trouvent Charlotte du Villard, sa femme Charles Bompard, docteur en médecine, messire Pascal, curé de la paroisse Saint-Georges, et Charles Spert, seigneur de Volhac.

La femme du mourant accuse le notaire de vouloir lui imposer un testament ; les parents et le malade refusent le ministère des notaires Gallien et Liotard. On remet alors un testament olographe dont lecture est faite au malade. « Oui, répond-il, j'institue mon fils pour héritier avec substitution en faveur de sa mère et de celui qu'elle pourrait nommer après elle ; toutefois, je veux qu'on conserve notre nom et nos armes, en cas qu'il meure jeune ou sans enfants. »

Par ce testament (2), daté du 15 avril 1607, Hugues Orvy élit sa sépulture « en la chapelle de Saint-Claude, dans l'église Saint-Pierre-le-Monastier, en la tombe

<hr>

(1) Livre des Contrats de Hugues Orvy ; acte reçu au Puy, Gallien, notaire.

(2) Reçu Aymar Barry. — *Archives de la Haute-Loire.*

qu'il a fait construire. » Pour ses honneurs funèbres, il s'en rapporte « à l'ordonnance et à ce qu'il sera advizé par damoiselle Loyse de Torrenc, sa mère. » Il lègue aux églises et couvent de Sainte-Claire, Sainte-Catherine de Sienne, Sainte-Madeleine de Vals, aux Jacobins, Cordeliers, Carmes, Jésuites, à Saint-Pierre-le-Monastier, aux Célestins du couvent de Colombiers, à chacun cent sols pour une fois ; à Antoine Pascal, son laquais, dix-huit livres ; à Isabeau Chevalier, sa chambrière, dix-huit livres ; à chacun de ses autres serviteurs et chambrières six livres ; à chacune de ses sœurs germaines, damoiselles Marguerite, Antoinette, Catherine, Louise et Hélène, cinquante livres, les enfants de ladite Antoinette représentant leur mère ; à damoiselle Hélipce de Licques, sa sœur utérine, trente livres ; à damoiselle Charlotte du Villard, sa femme, six cents livres ; à damoiselle Louise de Torrenc, sa mère, l'usufruit de tous ses biens, à la charge de nourrir et entretenir son fils posthume. Il élit ce fils posthume « non encore baptisé », son héritier universel. En cas de mort de cet enfant, Louise, sa mère, élira un ou plusieurs héritiers qui « seront tenus de porter le nom et les armes de la maison d'Agrain (1). »

Hugues Orvy mourut avant le 6 août 1607, car à cette date, Louise de Torrenc, dame de Chambaron, veuve de noble Gabriel Orvy, prend, dans un acte du notaire Galien, la qualité d'héritière de feu son fils Hugues (2),

Nous ignorons quelle fut la destinée de ce jeune enfant après la mort de son père ; toutefois Hu-

----

(1) *Archives départementales de la Haute-Loire*, Minutes d'Aymar Barry,

(2) Communication de M. Albert Boudon.

gues fut le dernier baron d'Agrain, du nom d'Orvy.

Nous ignorons en quelle année Louise Orvy, dite de Torrenc [1], damoiselle d'Agrain et de Chambaron, se maria avec Claude de la Guiolle, un des cents gentils-hommes de la chambre du roi ; en tout cas il porta le titre de baron d'Agrain jusqu'en 1643. La première mention que nous trouvons de lui dans les archives du château de Bressey-sur-Tille est de 1611. Le 7 mai de cette année, ayant pouvoir de Louise de Torrenc sa belle-mère, il vend à Antoine Charrade, d'Alleyras, un pré situé à Alleyras pour la somme de 23 livres.

Cette première vente n'est que le début d'une série d'aliénations que fait chaque année Louise de Torrenc des biens considérables qu'elle possède à Agrain, à Alleyras, à Ouïdes et dans les environs. Les indiquer est inutile au but que nous nous proposons et n'offrirait d'ailleurs aucun intérêt. Signalons toutefois dès cette année 1611, au château d'Agrain et l'habitant, Vincent Duclaux, praticien du Puy. Comme lieutenant au mandement d'Agrain c'est lui qui prépare les ventes que fait exécuter Louise de Torrenc ; il donne les bois, les prés et les champs en nouvelle accense aux habitants d'Alleyras et d'Ouïdes.

Le 18 janvier 1612, il accorde en nouveau cens et emphithéose perpétuelle à Etienne Brau d'Alleyras le bois des Costes d'Agrain, de la contenance de huit cartonnées, aux entrées de neuf livres et à la censive annuelle de un carton blé, mesure d'Agrain. Le 26 septembre de la même année, Louise de Torrenc,

[1] Il ne faut pas la confondre avec sa mère Louise de Torrenc épouse de Gabriel Orvy : elles sont dans les actes désignées toutes deux par le même nom.

comme héritière sous bénéfice d'inventaire de son fils
Hugues Orvy, vend à Guillaume Martin, notaire d'Alleyras divers tènements, prés, terres, situés audit lieu
moyennant le prix de onze cents livres ; l'acte a lieu
au Puy, dans la maison située près du cloître qu'habite
le baron d'Agrain, en présence de son beau-fils nommé
Claude de la Guiolle (1).

La même année, le 23 juillet, Louise de Torrenc
permet à Jacques Brau d'Alleyras de prendre l'eau de
la fontaine de Fontilher qui traverse un pré seigneurial
pour arroser un de ses prés ; cette concession est faite
pour un jour sur deux ; Jacques peut en user le dimanche de trois heures du soir jusqu'à lundi à la même
heure, le mardi et le jeudi dans les mêmes conditions.
Cette autorisation est concédée moyennant le cens
annuel et perpétuel d'une géline. Le dernier testament
que nous connaissons de Louise de Torrenc la mère de
Gabriel Orvy est du 18 janvier 1614.

Le 29 avril 1620, noble Claude de la Guiolle, comme
père et légitime administrateur de noble Jean de la
Guiolle, son fils, héritier de feue Louise de Torrenc,
vend à Vidal Obrier, marchand du Puy, un pré situé à
« *Valz del Senglard* », contenant cinq journées et
demie, moyennant le prix de trois mille livres tournois,
chacune comptant pour vingt sous (2).

Enfin, le 21 juin 1621, il donne à bail aux habitants
du Prunet « las costes de Bilhon » ainsi que le domaine
de Bilhon, d'environ trois cents cartonnées, jusqu'au
ruisseau qui descend du moulin du Prunet, « avec

(1) *Archives dép. de la Haute-Loire*, f. du Séminaire, 354.

(2) *Archives dép. de la Haute-Loire*, G., f. d'Agrain ; acte
reçu Bertrand, notaire royal.

pouvoir pour les habitants icelles parties de terroir de rompre et extirper pour faire bledz, faire dépaistre leurs bestiaux, prendre bois mort, excepté aux Ourmes et à la vue du château ». Il se réserve la jouissance du pré de la Chapelle, le droit de prendre du bois pour le chauffage du château et celui d'y faire paitre le bétail du château ; cens : quatre cartons, deux boisseaux de seigle, et douze deniers d'argent.

Un mémoire de 1628 nous donne différents détails sur la baronnie d'Agrain qu'il est bon de reproduire ici [1].

Nous y lisons d'abord les noms de ceux qui doivent foi et hommage au baron d'Agrain. Ce sont :

Le seigneur de Rochefort, à cause du château de Séjallières ; il y a justice, haute, moyenne et basse, et prend dans le mandement d'Agrain plus de cinquante setiers de blé et cinq livres d'argent.

Le seigneur du Prunet, à Séjallières, Prunet et autres lieux du mandement, « lequel y prend autant que le seigneur de Rochefort et plus pour ce qu'il a été parti par le milieu et par ledit partage, le château demeurera audit sieur de Rochefort, et y a toute justice, moyenne, haute et basse ».

Les seigneurs de Rochefort et du Prunet doivent un autre hommage à cause de leurs bois de *Sanhas rousses* où ils ont toute justice, haute, moyenne et basse.

Mˡˡᵉ de Glavenas et son fils, pour la seigneurie de la Remigère, avec justice, haute, moyenne et basse, et pour une rente qu'ils prennent à Ouïdes

François du Lac doit hommage pour la haute justice

---

[1] Ce mémoire figure dans le *Livre des contrats de Hugues Orcy*.

de la Remigère qu'il exerce avec la demoiselle de Glavenas; hommage aussi pour la seigneurie de Gratuze qu'il a achetée, trois ou quatre ans auparavant du seigneur de Rochefort, il y possède justice haute, moyenne et basse; il doit encore hommage pour une rente qu'il prend à Ouïdes.

Le seigneur de Rochefort et du Prunet doit hommage pour le terroir de Montlong en toute justice; Jacques Ligieux, dit Parand, pour la justice d'Ouïdes et des rentes acquises en ce village d'Antoine et Jean d'Ouïdes, père et fils, et en outre, pour la moitié de la justice d'Ouïdes et pour des rentes acquises du sieur de Combriatz de Saint-Privat.

Le seigneur de Séneujols doit hommage pour la justice de Sanssaguet et pour des rentes qu'il y prend avec toute justice haute, moyenne et basse; le prieur d'Alleyras pour une rente et la justice qu'il possède sur un terroir qui touche Montgros; il y possède justice moyenne et basse; le baron d'Agrain y exerce la haute justice.

Le seigneur de Mercœur, pour une rente qu'il prend depuis le moulin d'Agrain jusqu'à Alleyras.

Les hommes du Prunet sont obligés à l'hommage; ils doivent faire un homme justiciable et taillable à cause du bois de Lombac, et chaque année donner seize cartons de seigle, mesure censuelle et sept sols six deniers.

Le seigneur du Fort doit hommage pour une rente qu'il prend à Ribains.

Jacques de Dolezon, du Puy, pour une rente au même village.

Le sieur de Saint-Martin, du Puy, pour une rente qu'il prend à Ouïdes.

Les héritiers de Gaspard Gay, également du Puy, pour une rente au même lieu.

Jean d'Ouïdes pour la métairie qu'il a à Ouïdes, laquelle est un fief noble.

Quelques habitants de Sereyzet doivent hommage; de même les habitants de Mazamblard et de Genestouze doivent pour le terroir de Malafosse; ils sont obligés de faire un homme taillable et justiciable et de donner trois livres deux sols six deniers chaque année Les hommes de Sanssac et Sanssaguet doivent hommage pour le bois et terroir de *Las Costes* et donnent chaque année deux cartons de seigle, un carton d'avoine.

M. de Jalasset, seigneur de Vergezac, rend hommage pour le village de Vabrètes hautes où il a justice haute, moyenne et basse.

Ce même mémoire nous donne aussi les noms de ceux qui, assujettis au droit de porterage, « doivent le blé de la porte d'Agrain », la redevance est pour chacun de deux cartons. Ce sont *pour le Moulard* : François Pascal, Vidal Mathieu dit Magonye, Claude Codeyre, André Codeyre; *pour le Villard* : Pierre Ytier, Gabriel Boyer, Vidal Pascal, Etienne Taffin, Adrien Rodde, Simon Ytier, Marie Gratuze, Jacques Chauchat, Vidal Chauchat, Mathieu Galhard, Blaise Queyron, Claude Chauchat, Claude Peyron; *pour Ouïdes* : Martin Chacorne dit Moret, Sixt Gratuze, Antoine Gay, Jean Roux qui doivent chacun un carton. Ajoutons à ces noms que les hommes du Prunet et de Ribains sont portés sur le Mémoire.

Il se termine par un rôle de ceux qui doivent venir à la garde du château d'Agrain; ce sont : *pour le*

Moulard : François Pascal, Pierre Vernet, Pierre Coudeyre, Claude Champagny ; *pour le Villard* : Guillaume Ytier, Jacques Boyer, Vidal Pascal, Vidal Taffin, Adrien Rodde, Jacques Chauchat, André Chauchat, Jean Ytier, Barthélemy Rancy, Pons Pascal ; *pour Sanssac* : Mathieu Queyron, Mathieu Bouzac, Laurent Peyron ; les hommes du *Prunet* en commun ; Jacques Tourret, d'*Ouïdes* ; pour *Ribains*, le grangier de M. le conseiller Pradier (1), Guillaume Bonhomme, Vidal Sabatier, Mathieu Mathieu, Pierre Sabatier, Pierre Royer, Jean Cros, Pierre Gleyse, Nicolas Faberel, Claude Sabatier, André Mathieu.

En cette même année 1628, Claude de la Guiolle fait faire le terrier de la baronnie par André, notaire. Le mandement d'Agrain s'étend alors sur les paroisses de Saint-Jean-Lachamp, Alleyras, Vabres, Landos, Saint-Haon ; le répertoire du terrier comprend les villages et lieux dits suivants : le Villard, Séjallières, Arzac, Sanssac, Rossignol, Alleyras, Sanssaguet, Ouïdes, Vabres, le Prunet, Anglard, Genestouze, le Cros, le Crest, Belvezer, Trespeux, le Molard, Amargier, Landos, Escublac, Mazamblard, Maisonseule, le Bouchet-Saint-Nicolas, Ribains, Jagonnas, Pratclaux, Pradelles, Jagonzac. Les cens sont constitués en quelques deniers, en seigle, avoine, orge, gélines.

(1) Le décret de la baronnie d'Agrain donné le 3 juin 1643, à la suite de la saisie des biens de Claude de la Guiolle, nous apprend qu'à cette date, Hugues Pradier, conseiller en la sénéchaussée du Puy, prend à Ribains 15 cartons un boisseau seigle, 17 cartons, 5 boisseaux et demi d'orge, 23 ras, 1 boisseau d'avoine, 56 sols, 8 deniers argent et 2 gélines. C'est pour cette rente que son grangier doit garde et guet à Agrain.

Laissant de côté les nombreuses reconnaissances particulières du terrier. nous relevons seulement quelques reconnaissances générales. Le territoire de Malafosse, lieu pauvre et peu fertile d'environ 610 cartonnées, donné en accense en 1354, reconnu à Marguerite Brun en 1545, est l'objet de difficultés en 1628.

Claude de la Guiolle, en faisant renouveler son terrier, somme les hommes de Mazamblard et autres tenanciers de Malafosse de lui reconnaître les censives portées sur les titres anciens ; leur refus occasionne un procès ; le 5 janvier et le 27 juillet 1628, ils sont condamnés par sentence du sénéchal du Puy à payer les arrérages de cens qu'ils doivent.

Dans une transaction du 5 octobre, ils s'engagent à donner chaque année. à la fète de saint Michel, la censive de 3 livres 2 sols 6 deniers, à faire deux hommes guétables, manœuvrables et taillables aux cinq cas ; les habitants de Mazamblard en fournissant un et ceux de Genestouze, l'autre.

Claude de la Guiolle possède à Ouïdes les territoires appelés du Lombac, la Renéve, Brugeyras, Lyotard, la Croix de la Font ; Ouïdes est de la haute justice d'Agrain. la moyenne et basse justice, ainsi que les cens qui appartiennent au sieur d'Ouïdes, sont hommagés au seigneur d'Agrain.

A Ribains, en 1628, les emphitéotes sont au nombre de dix-sept ; le total des cens est d'environ 124 cartons de seigle. 46 d'orge, 62 d'avoine, 6 livres 13 sols d'argent et 18 gélines.

Claude de la Guiolle, que nous voyons premier consul du Puy en 1634, eut de son mariage un fils, Jean de la Guiolle qui se maria le 11 février 1620, à Françoise de Roqueplan. Le curateur de cette dernière, Isaac Denis, lui constitua en dot la somme de 3,500 livres; dans son contrat de mariage, son mari lui assura en outre 1,900 livres. Jean de la Guiolle étant mort, elle se remaria à Jean Ponchon juge de la ville du Puy. Claude de la Guiolle, héritier de son fils, régla avec Françoise de Roqueplan, la restitution des droits de cette dernière par acte passé devant le notaire Duclaux, le 7 septembre 1628. Pour arriver au paiement de la somme de 3,500 livres qui lui avait été promise lors de son premier mariage, Françoise de Roqueplan dut s'armer de lettres de contrainte obtenues du sénéchal du Puy le 26 janvier 1638 et poursuivre Claude de la Guiolle par ministère d'huissier. La saisie des biens possédés par ce dernier au Puy est affichée aux portes des églises Saint-Georges, Saint-Vosy et Saint-Pierre-le-Monastier, et les panonceaux royaux annnoncent à tous qu'ils sont sous le sé·questre.

Ils consistent en une maison d'habitation située près du cloître de la Cathédrale, en deux chazeaux de maisons situés dans le cloître, une autre maison noble qui touche celle de Hugues Pradier, conseiller à la sénéchaussée, un jardin appelé *Prat Peschier* « contenant cinq journées ou environ avec deux cents pieds d'arbres », situé en dehors de la ville sur le Dolezon, entouré de murailles dans l'enceinte desquelles s'élève une maison, un pré au faubourg Saint-Jean contenant sept journées ou environ ; en outre, 316 livres de rente sur les aides et octroi.

Après cette saisie, nouveau commandement de l'huissier à Claude de la Guiolle ; nouveau refus de celui-ci qui cette fois voit la seigneurie elle-même mise sous le séquestre.

Viguerie se transporte à Agrain ; il n'y trouve que la femme de Claude de la Guiolle et établit sa mainmise sur le château (1).

L'acte de saisie nous le représente « situé sur un rocher, contenant, tant ladite maison que enclos, trois cartières ou environ, la dite maison composée d'un grand portal de pierres de taille et dessus d'icelluy y a les armoiries dudit sieur d'Agrain deppeintes en quatre lions et audessus d'iceux un pot en test lesdites armoiries affichées à une pierre peinte en bleu, par laquelle porte on entre à un petit ciel ouvert ou y a une cisterne dans iceluy à main droite, contenant ledit ciel ouvert six pas de carré, et à côté d'iceluy y a une porte par laquelle on entre dans une estable contenant en longueur dix-sept pas, en largeur sept ou environ. et de plain pied y a une petite porte par laquelle on entre dans un autre estable contenant en longueur dix-sept pas et en largeur sept ou environ. et en montant ledit ciel ouvert y a une voulte faisant arcade y ayant heu une porte autrefois, et au-dessus de ladite arcade y a deux petites chambres l'une sur l'autre servant de corps de garde couvert à tuille ; sortant de ladite arcade du costé droit y a une porte de pierre de taille, par laquelle on entre dans une chambre servant de salle avec sa cheminée de pierre de taille, et dans icelle y a une antichambre avec sa cheminée de pierre de taille rompue séparée avec des aix avec une porte fermant à

(1) A défaut de plan, nous avons cru bon de donner in-extenso cette description du château d'Agrain.

clef. estant ladite salle et antichambre de longueur de
seize pas et huit en largeur ou environ. Sortant de
ladite salle ou antichambre, on entre dans la basse-
cour au milieu de laquelle et du costé de ladite
salle y a une autre porte de pierre de taille par laquelle
on entre dans autre chambre où y a cheminée fenestragée estant de neuf pas et autant de largeur, séparées
par des murailles de chaux et sable, et sortant de ladite
chambre y a une autre porte par laquelle on entre dans
l'estable estant de longueur de neuf pas, de largeur
autant ou environ séparée par une autre muraille et
dessus desdites salles et chambres y a une fenestre, le
tout couvert de tuille, ladite basse cour estant de longueur de trente pas et de largeur huit pas à couste de
laquelle du costé de la susdite arcade y ayant une
petite chambre de longueur de douze pas et huit de
largeur ou environ ; sortant de la basse-cour y a une
porte de pierre de taille pour entrer au corps du logis
haut de ladite maison, en entrant y ayant un petit
replat de largeur de sept pas et du costé gauche y a une
porte de bois pour entrer dans une chambre servant de
cuisine avec sa cheminée fenestragée de longueur de
douze pas et huit de largeur ou environ dans laquelle
chambre y a une porte par laquelle on va dans la
gallerie qui respond sur le petit ciel ouvert cisterne et
au-dessus de ladite gallerie y a deux barbescanes qui
respondent au-dessus du grand portal et entrée de
ladite maison, et sortant de la cuisine tout de plain
pied on entre par autre porte de pierre de taille dans
une autre chambre caronnée avec sa cheminée de pierre
de taille fenestragée y ayant un cabinet bois pin et de
plain pied du costé de l'entrée une cave voustée, estant

le tout de longueur de vingt pas et huit de largeur ;
et sortant de ladite chambre dans ledit replat, y a une
autre porte par laquelle on monte par des degrés de bois
et partie de pierre de taille et au bout desdits degrés
y a un petit réduit pour entrer dans la chappelle
appelée de saint **Pierre** ès-liens ; de plain pied et à
costé d'icelle chappelle y a autre porte par laquelle on
entre dans une autre chambre servant de grenier sans
cheminée qu'est au-dessus de la cuisine, estant de
longueur de douze pas et huit de largeur ou environ,
sortant de ladite chambre y a autre porte de plain pied
où l'on entre dans une autre chambre sans cheminée
avec des fenestrages et dans ladite chambre y a un
cul de lampe, auquel on monte par une eschelle qu'est
au-dessus de ladite chambre carronnée contenant en
longueur douze pas et en largeur huit pas ou environ,
et sortant de ladite chambre y a autre porte de plain
pied par laquelle on entre dans une petite chambre
voutée servant de charnier de longueur de sept pas et
en largeur cinq ou environ, sortant de ladite chambre
voultée de plain pied y a autre porte pour aller au
fournial y ayant deux fours, un grand et l'autre petit,
estant de longueur de sept pas et en largeur quatre ou
environ ; sortant dudit fournial de plain pied y a une
porte pour entrer dans le jardin environné de crénaux
de murailles de contenance de quatre boisseaux, estant
de longueur de vingt-deux pas et de largeur onze pas
ou environ, et au bout dudit jardin y a une tour basse
avec de petits estages et au-dessous desdits estages des
prisons, sortant dudit jardin de plain pied y a des degrés
de bois portatifs, au bout d'iceux y a une porte qui
entre dans un replat estant en six pas de carré et au

milieu dudit replat y a d'autres degrés pour monter au colombier. »

L'huissier saisit également tous les biens situés autour du château, les prés de la chapelle, de las demeyselles, des costes de Billhon, des costes d'Agrain et des costes de la chapelle, divers bois situés en Montgros et en Guinhabert, ainsi que ceux appelés le bezal noir, la roche neyre, au terroir de Malafosse. La saisie s'étend aussi à tous les cens, revenus et droits seigneuriaux du mandement, au Villard, à Sanssac et Sanssaguet, Gratuze, Anglard, Malafosse, le Cros, le Crouzel, le Moulard, le Bouchet-St-Nicolas, Rossignols, le Prunet, Ouïdes, Alleyras, Ribains, etc. Chose curieuse, nous voyons saisir aussi dans ce dernier village les redevances de Hugues Pradier qui, dans quelque temps, sera le plus haut enchérisseur des biens de la baronnie.

Deux hommes, l'un du Villard, l'autre du Moulard, sont établis séquestres du château ; à la porte sont fixés les panonceaux royaux, sous lesquels on peut lire l'ordonnance de saisie ; elle est affichée et publiée également à l'entrée des églises d'Alleyras, de Landos et de Saint-Jean-Lachalm,

Malgré l'absence de Claude de la Guiolle qui est « hors du royaume », après plusieurs enchères, les biens de la seigneurie d'Agrain sont adjugés par décret du Parlement de Toulouse, du 3 juin 1643, à Hugues Pradier, conseiller à la sénéchaussée du Puy.

Pour achever de faire connaître Claude de la Guiolle, nous devons parler d'un fait très curieux, la possession par la famille d'Agrain d'un des trente deniers reçus par Judas comme prix de la trahison de Notre-Seigneur Jésus Christ. Voici ce que nous lisons à ce sujet dans le

Père de Gissey ; achevant l'énumération des reliques possédées par l'église Notre-Dame du Puy, il s'exprime en ces termes : « L'on pourra joindre icy l'un des trente deniers dont Nostre-Seigneur fut vendu, laissé aux ancestres de la baronnie d'Agrain par une vertueuse veuve de cette maison, laquelle ayant un fils au service du grand Turc, receut de luy ce riche denier servant beaucoup au soulagement des femmes qui sont au travail d'enfant (1). »

Ces quelques lignes nous permettent d'affirmer deux choses : 1° La possession par la famille d'Agrain, dans la première moitié du XVIIᵉ siècle, d'un des trente deniers de la trahison du Sauveur ; 2° le passage de cette relique des mains de la famille au trésor de la Cathédrale du Puy.

Comment se fit ce transfert ? L'acte suivant nous éclairera à ce sujet :

« L'an 1648, et le 13ᵉ jour du mois de janvier, avant midy par devant moy notaire royal soubsigné et en présence des témoins bas nommés, personnellement estably noble Claude de la Ginolle, sieur d'Agrain, du Puy en Vellay, lequel en conséquence de promesses par luy faictes en faveur de messire Henri de Ginestous (2), seigneur de Vausséche, au rencontre qu'il aurait faicte

(1) *Discours historique de la très ancienne dévotion de Notre-Dame du Puy*, par le P. Eudes de Gissey. Au Puy, François Varoles, 1644, 3ᵉ édit.

(2) Abbaye de Charais, monastère situé au sommet d'une montagne qui domine Privas, fondé vers l'an 1000 par le Chapitre de Notre-Dame du Puy. Vers le milieu du XVIIIᵉ siècle, s'y établissent des chanoines réguliers de l'Ordre de Saint-Augustin.

de luy à Notre-Dame de Lorette, en l'année 1647 dernière de lui donner et fere présent d'un des trente deniers de la vente de Notre-Seigneur faicte par Judas, a ceste cause, effectuant lesdites promesses, de son bon gré et franche vollonté, en considération des bons et agréables services et faveurs qu'il a receus dudit sieur de Vaussèche icy présent stipulant et acceptant, luy a fait ledit don et présent dudit denier exibé et mis sur table présentement, ayant une figure d'une teste d'un cousté et de l'autre cousté une fleur appelée campanelle, de la grandeur environ d'un cent de réalle, estant d'argent, que ledit seigneur a prins et retiré avec les attestations faictes à Rome, que c'est un véritable denier de ceulx de la vente de Notre-Seigneur, consentant ledit sieur Dagrain que ledit seigneur de Vaussèche fase et dispose dudit denier comme de sa chose propre bien et légitimement acquise, l'en faisant vray seigneur et maître, avec toutes clauses en tel cas requises et nécessaires. Et ainsi a esté faict et passé soubs toutes obligations et promesses à toutes cours temporelles et spirituelles, si besoin y est et à une chacune d'elles, avec due renonciation. Fait et récité à Tournon, maison et logis de M⁵ Nicodeme Thomasset, où pend l'enseigne de l'Escu de France, luy présent et sieur Henri Bouquet, marchand de Tournon soubsignés avec les parties.

> Signé : Vaussèche, abbé de Charais; Dagrain ;
> Bouquet; Thomasset et moi, notaire
> royal recepvant soussigné ; Delorme,
> notaire. »

Quelques remarques sur l'acte de donation fait par Claude de la Guiolle ; elles concernent l'origine de cet

acte, les faits qu'il renferme, les dates qui y sont indiquées. L'origine nous en est ainsi exposée par le premier qui le publia [1]. M. A. Mazon, qui a collectionné
les papiers de la famille d'Agrain des Hubas, dans l'in-
tention d'écrire un jour l'histoire de cette famille :
« Cet acte que nous avons récemment découvert dans
le recueil des documents de feu Jules Rousset, de Tournon, et que nous reproduisons sans commentaires,
pourra aider les érudits du Velay dans les recherches
qu'ils pourraient faire à cet égard. L'acte en question
fut copié par Rousset sur les minutes de Delosme,
notaire à Tournon, qui étaient en l'étude de Mᵉ Grail-
lat. »

Remarquons d'abord que le nom du notaire de Tournon est écrit une fois Delorme et l'autre fois Delosme.
En second lieu, le seigneur d'Agrain ne s'appelait pas
Claude de la Ginolle, mais Claude de la Guiolle. Aucun
des faits que nous connaissons à son sujet, ne nous
permet de nier l'authenticité de l'acte précité. Toutefois, ainsi que nous l'avons exposé plus haut, Agrain
fut vendu en 1643 ; dès lors, comment expliquer que,
cinq ans après, Claude de la Guiolle soit qualifié de
« sieur d'Agrain » ? Dans le décret de la baronnie donné
par le Parlement de Toulouse, se trouvent exposées
toutes les vicissitudes de la terre d'Agrain depuis le
26 janvier 1638, jour où l'huissier commença la saisie
des biens au Puy, jusqu'au 3 juin 1643, date de cette
délivrance de décret. Or, Claude de la Guiolle ne parait

---

[1] Dans l'*Echo du Velay*, sous ce titre : *Variété. — L'un des
trente deniers reçus par Judas pour la vente de Jésus-Christ*,
nᵒ du 19 mai 1893.

nulle part ; toutes les fois qu'il est question de lui, on
observe qu'il est absent de France, remarque faite particulièrement au mois de décembre 1638 et à la date
du 13 septembre 1642, lorsque le Parlement de Toulouse prononce la séparation des patrimoines de Claude
de la Guiolle et de sa femme. D'où il faut conclure
que, lorsque l'huissier commence ses opérations, Claude
a disparu. N'est-il pas juste de supposer que c'est alors
qu'il partit en Italie ?

On voit dès lors sur quelle réserve on doit se tenir
au sujet des dates de 1647 et 1648 portées dans l'acte.
Il y a évidemment une erreur, soit du fait du copiste,
soit du fait de celui qui a lu l'original.

Quelles conclusions tirer de ces diverses remarques ?
En l'absence de tout autre document, si on admet l'authenticité de cet acte, ce que nous ne discutons pas, il
faut reconnaître une erreur positive de la transcription
des deux dates de 1647 et 1648. Nous croyons qu'on
peut, au moins à titre provisoire et jusqu'à plus ample
information, les remplacer par 1641 et 1643 : substitution qui paraît vraisemblable lorsqu'on pense à la res-
semblance paléologique des chiffres substitués. En 1641,
Claude rencontre en Italie l'abbé de Charais ; il est très
heureux de lui offrir le fameux denier et de recevoir en
retour la promesse d'une rente viagère. En 1642,
séparation de biens d'avec sa femme. Le 24 octobre de
la même année, la seigneurie est cédée à Jacques de
Roqueplan, chanoine ; Hugues Pradier fait casser la
sentence comme entachée de nullité, au mois de janvier 1643. De nouvelles enchères ont lieu, et elle lui
reste comme plus haut enchérisseur. En 1643, au mois
de janvier, Claude, de retour en France, se met à

couvert de tous ces coups de la fortune en exécutant sa promesse, et la rente annuelle de cinquante livres lui est constituée par acte authentique. L'abbé de Charais dut céder presque immédiatement le précieux denier au trésor de Notre-Dame du Puy ; peut-être même n'était-il qu'un intermédiaire entre Claude de la Guiolle et le Chapitre de l'église Cathédrale.

Le Puy. — Imp. A. Prades-Freydier.

www.ingramcontent.com/pod-product-compliance
Lightning Source LLC
LaVergne TN
LVHW021901170726
843503LV00003B/1349